Das Buch:

Es sind «nur» Geschichten. Man kann sie entspannt lesen. In ihnen spielt sich ein ganzes Kinderleben voller Ermutigung und Entfaltung ab. Wie nebenher lernen die Leser*innen wie das geht: Kinder so zu begleiten, dass sie sich leichten Herzens entfalten; erkennen, wie «entmutigt» das Kind ist, um ihm dann die passende «Ermutigung» zukommen lassen zu können; eine ermutigende Haltung leben, die dem Kind Halt gibt.

Natürlich ist auch vom Ärger der begleitenden Erwachsenen die Rede, davon, dass nicht klappt, was man sich so schlau ausgedacht hat, und das Kind doch nicht mitmacht! Viele kleine Tricks und Tipps stehen zwischen den Zeilen, die manchmal das gewünschte Ergebnis gebracht haben, manchmal eben auch nicht... Die aber ein anderes Mal zum Erfolg führen könnten. Dem Erfolg, dass das Kind spürt: Ich werde gemocht. Und dem Erfolg, dass die begleitenden Erwachsenen spüren: Ich bin entspannt – ich hab' wohl etwas richtig gemacht.

Ich erzähle das, was ich in dem von mir gegründeten Kinderhaus als Kinderbegleiterin in vielen Jahren erlebt habe und ergänze dies bildhaft mit dem Fachwissen der Telos-Ermutigungspädagogik (deren Grundlage die Individualpsychologie von Alfred Adler ist) und zwar am Beispiel eines wachsenden Baumes. Geschrieben habe ich die Erlebnisse jede Woche für die damaligen Eltern der Kita.

Viel Inspiration und Entfaltung wünscht

Veronika Seiler

Veronika Seiler

Kinder entfalten sich leichten Herzens

Geschichten von unbeschwerten Kindern

Telos-Entfaltung

Bibliografische Information der Deutschen Nationalbibliothek: Die Deutsche Nationalbibliothek verzeichnet diese Publikation in der Deutschen Nationalbibliografie; detaillierte bibliografische Daten sind im Internet über http://dnb.dnb.de abrufbar.

Grafiken: Veronika Seiler

Verlag: BoD · Books on Demand GmbH, In de Tarpen 42, 22848 Norderstedt

Druck: Libri Plureos GmbH,Friedensallee 273, 22763 Hamburg
ISBN: 978-3-7597-9669-1

INHALT

Kinder entfalten sich leichten Herzens – Vorwort

Das wünschen wir allen Kindern: Dass sie sich leichten Herzens entfalten können und unbeschwert vom „steinigen Ballast der Welt" ihre eigenen Erfahrungen machen können; sie sollen lernen dürfen, sich ausprobieren dürfen, sie sollen etwas „falsch" (besser: anders) machen dürfen und auch die Erfahrung machen dürfen, dass es manchmal nicht so funktioniert, wie sie sich das vorstellen; auch ein bisschen weh tun sollen sie sich dabei dürfen, aber nur so viel, dass es ihnen nicht wirklich schadet, sondern sie das nächste Mal eine andere Methode ausprobieren, die dann besser klappt.

Kinder sollen jedoch *nicht* so beschwert aufwachsen müssen, dass Gefahr droht, dass sie in ihrer Entwicklung gebremst oder gar ausgebremst werden! Kinder sollen nicht die ungelösten seelischen und emotionalen Themen von uns Erwachsenen ausbaden müssen! Kinder sollen „keinen Stein der Entmutigung" auf sich fühlen müssen. Das ist die Aufgabe der sie begleitenden Erwachsenen – den Weg der Entfaltung für Kinder von unseren Themen zu befreien.

In diesem Buch beschreibe ich Kinder, die sich entfalten, die scheitern, die es nochmal probieren; auch ist von Kindern zu lesen, die sich ärgern, weil sie eine Grenze aufgezeigt bekommen; und auch beschreibe ich Kinder, die beinahe aufhören, sich zu entwickeln – und dann doch wieder wachsen…. Hintergrund ist die Telos-Ermutigungs-Pädagogik, deren Grundlage die Individualpsychologie von Alfred Adler ist. Die Individualpsychologie geht davon aus, dass jeder Mensch sich frei entfaltet wie ein Baum, wenn er den Platz dafür hat, wenn die

Sonne auf ihn scheint und der zarte Regen ihn nässt, wenn er also „ermutigt" wird, anerkannt wird so, wie er ist.

Lange Zeit lebten wir im Telos-Kinderhaus[1] ausschließlich die Telos-Ermutigungspädagogik mit der auf der Individualpsychologie fußenden Methode der „Ermutigung". Ermutigung ist etwas anderes als Lob, viel grundsätzlicher, viel intensiver... eine Lebenseinstellung. Wenn Kinder ausschließlich „ermutigt" würden, würden sie sich frei entfalten können. Das Leben ist anders. Es gibt reale Entmutigungen, also Erlebnisse oder Situationen, die ein Kind beschweren und an seiner Entfaltung behindern. Es gibt auch Entmutigungen, die sachlich betrachtet überhaupt keine Entmutigungen zu sein scheinen, die aber das Kind als Beschwernis fühlt und als Belastung einordnet, die sich also für das Kind wie ein beschwerender Stein anfühlen. Wenn wir uns in unseren Kitas in Kinder einfühlen, die in irgendeiner Weise anstrengend auf uns wirken, dann entdecken wir in ihrer Entfaltungslinie oft eine beschwerende Situation, die wie ein Stein auf ihnen lastet. Nachdem wir den Stein erkannt haben, sind wir aufgefordert, ihn zu versachlichen (also zu verstehen und die Situation mit Worten zu benennen), ihn zu verkleinern oder gar wegzunehmen (also die Sachlage so zu ändern, dass das Kind keine Belastung mehr auf sich spürt) und das Kind zu „ermutigen" (also ihm zu zeigen, dass es so, wie es ist, uns herzlich lieb ist). Dies müssen wir auf eine Art und Weise tun, die beim Kind ankommt! „Ermutigung ist, was als Ermutigung ankommt!" (Theo Schoenaker).

Lange Zeit lebten wir in unserer Kita ausschließlich diese Methode – bis wir merkten, dass wir entmutigende Steine und

---

[1] Ich gründete das Telos-Kinderhaus 1997 als kleine private Einrichtung. Mittlerweile ist es staatlich anerkannt, beherbergt 60 Kinder im offenen Konzept und hat ein Geschwister, das Telos-Naturhaus, einen Naturkindergarten.

das entsprechende Not-wendige Verhalten der Kinder geradezu anziehen, wenn wir uns so intensiv mit Entmutigung befassen. So änderten wir nach und nach unsere Methode in die Telos-Entfaltung. Die „vier Nahziele der Entmutigung" von Rudolf Dreikurs[2] wenden wir nur noch an, wenn wir wirklich „entmutigte" Kinder vor uns haben. Ansonsten widmen wir uns absolut und vollkommen der freien Entfaltung der Kinder. Diese Methode beschreibe ich in einem anderen Buch[3].

Kinder entfalten sich leichten Herzens, wenn wir uns darauf fokussieren.

Kinder erziehen ist schwierig und anstrengend. Kindern beim Entfalten zusehen ist einfach.

Ziehen erfordert einen Kraftaufwand von Seiten der Erwachsenen. Zusehen ist eine entspannte Tätigkeit. Wenn wir dies mit der entsprechenden Haltung tun, bewirken wir alleine dadurch eine wundersame Entfaltung beim Kind.

Die Haltung beinhaltet: Fühlen mit dem Herzen des Kindes – Nachdenken – intuitiv erspüren, was die Situation bedeutet – offen sein für Inspiration aller Art – aktiv handeln - ermutigen.

„Ermutigen" ist das Werkzeug der Individualpsychologie, das bewirkt, dass Menschen jeden Alters sich so angenommen

---

[2] Rudolf Dreikurs ist ein Schüler Alfred Adlers gewesen. Er entdeckte, dass Menschen jeden Alters auf bestimmte Weise unbewusst auf sich aufmerksam machen, wenn sie sich „entmutigt" fühlen, wenn sie also, um im Bild zu bleiben, einen beschwerenden Stein auf sich spüren. Und zwar tun sie dies in absteigender Folge: Zunächst fallen sie negativ oder übertrieben positiv auf, dann kämpfen sie um die Macht, schließlich rächen sie sich und zuletzt ziehen sie sich in sich zurück. Die sind die „vier Nahziele unangebrachten Verhaltens".

[3] Kinder groß sehen und stark machen. Wie wir Kindern beherzt Halt geben und Entfaltung leben. BOD 2024 (erscheint vs. 12/2024)

fühlen, wie sie sind, und freudevoll ihren Beitrag für das Leben tun. Ermutigung motiviert Menschen jeden Alters, sich und ihre „schöpferische Kraft[4]" in jeglicher Situation zu entfalten, Schwierigkeiten zu meistern und ihren Beitrag für die Gemeinschaft gerne zu tun. Ganz konkret: Wenn wir davon ausgehen, dass das Kind, das mit dem Besen herumspielt, statt damit den Boden zu kehren, nicht nerven will, sondern dabei ist, den Besen zu erforschen, und dass es ein kleines Weilchen später tatsächlich ordentlich aufkehren wird, eröffnen wir ihm damit genau dieses Tun in Leichtigkeit!

Die Telos-Entfaltung ist im Telos-Kinderhaus entstanden. Dieses habe ich 1997 als kleine Einrichtung gegründet – mittlerweile ist es eine Kita mit drei Gruppen, in der 60 Kinder, davon einige auf einem sogenannten Einzel-Integrations-Platz, im offenen Konzept leben. 2021 kam das Telos-Naturhaus mit 18 Kindern dazu.

Ich bin berufstätige Mutter von vier Kindern, die mittlerweile alle erwachsen sind. Früher war ich manchmal ziemlich erschöpft und genervt. Dies äußerte sich zu Hause in manch lauten Schimpf-Tiraden, in der Kita in innerlichem Hochkochen, das ich – wie ich dachte – pädagogisch korrekt unterdrückte. Meine feinfühligen Kolleginnen kamen dann immer, wie vereinbart, hilfreich herbei: „Soll ich mal übernehmen?" „Nein!!!" polterte ich heftig zurück – und merkte im nächsten Moment, dass das doch genau das Richtige für alle Beteiligten ist. Dankbar gab ich ab und überließ meinen in diesem Moment „unbeteiligten" Kolleginnen die von mir als anstrengend empfundene Situation.

---

[4] „Schöpferische Kraft" ist ein Fachbegriff der Individualpsychologie

Irgendwann habe ich es gelernt – mich vom Kind durch sein Verhalten so ansprechen zu lassen, dass ich die Botschaft verstanden – aber mich nicht von ihr verletzen ließ. Gelernt habe ich, meine Gefühle nicht zu unterdrücken, sondern sie als wertvolles Handwerkszeug anzuerkennen. Vieles habe ich dabei erlebt.

Den Eltern im Telos-Kinderhaus berichtete ich darüber regelmäßig viele Jahre lang jeden Freitag in einer Mail. Meine kurzen Texte sollten ihnen Anregungen geben; einen kleinen Einblick in die Telos-Ermutigungspädagogik, beziehungsweise die Telos-Entfaltung geben; ihnen Mut machen, dass man als Eltern und Pädagoge/Pädagogin nicht vollkommen zu sein braucht; oder einfach vom lustigen Alltag mit den Kindern erzählen.

Dieses Buch ist eine Sammlung „Freitagsmails vom Telos-Kinderhaus – aus dem Alltag einer Ermutigungspädagogin"[5]. Tatsächlich wundere ich mich, dass ich damals die Eltern noch gesiezt habe... Und manche Situation würde ich mittlerweile wirklich vollkommen anders gestalten, mit viel mehr Freiraum und dadurch großer Leichtigkeit für alle Beteiligten – mit viel mehr Entfaltung. Ich veröffentliche diese Kapitel dennoch als Anregung, dass wir nichts perfekt machen müssen – und als Einladung, sich selbst sein ganzes Leben lang lustvoll zu entfalten. Und auch das ist mir wichtig: Wir dürfen Fehler machen. Gerne zitiere ich das Anagramm „Fehler = Helfer", auf das mich eine Kollegin aufmerksam machte, sie entdeckte es auf Facebook.

In diesem Buch lasse ich einen kleinen Baum zum großen Baum heranwachsen. Und erkläre dabei das ermutigende

---

[5] In der zweiten Auflage habe ich die Geschichten teilweise sprachlich konkretisiert und gekürzt.

Zusammensein mit Kindern, die Methode der Ermutigung und Entmutigung mit den vier Nahzielen von Rudolf Dreikurs. Am Anfang jedes Kapitels kommt eine weitere Erklärung dazu. Die Geschichten aus den Freitags-Mails habe ich in die Entwicklung des kleinen Baumes eingefügt: Nicht immer passt die jeweilige Freitags-Mail haargenau zur Geschichte des kleinen Baumes. Aber darauf kommt es mir nicht an.

Zur Information und zum Verständnis: Das Telos-Kinderhaus, das am Ortsrand in einer ländlichen Gegend liegt, ist in Passivenergiebauweise gebaut – mit Einzug in diesen wunderbaren Ort haben wir, das Telos-Team, uns vorgenommen, mit „Mutter Erde" bewusst umzugehen und haben die Bildung zur nachhaltigen Entwicklung zu unserem besonderen Schwerpunkt erkoren. Seit 2016 machen wir deshalb regelmäßig langjährige „Ökoprojekte" im Sinne der Ermutigungspädagogik.

Täglich gibt es eine „Versammlung": Im Bankkreis sitzen die Kindergartenkinder im einen, die Krippenkinder im anderen Raum zusammen (gegenseitige Besuche sind sehr erwünscht und beliebt!) – oder es gibt die Großversammlung. Einmal die Woche ungefähr gibt es einen Wald- oder Seetag. Täglich sind wir lange im Garten.

Natürlich nenne ich in den Freitags-Mail-Geschichten keine Namen oder habe die Namen verändert.

Den Familien des Telos-Kinderhauses, Eltern wie Kindern gleichermaßen, danke ich von Herzen: So viel habe ich durch euch im Laufe der Jahre gelernt!

Veronika Seiler

im September 2024

Mut zur Unvollkommenheit - auch als Eltern[6]

Einer der wichtigsten Begriffe der Individualpsychologie, und somit der Ermutigungspädagogik, ist: „Mut zur Unvollkommenheit!"

Die Menschheit besteht nur durch die „Gemeinschaft". Jede Entwicklung kommt zustande, weil irgendjemand den „Mut" hatte, etwas zu denken, laut zu sagen, zu tun, zu erfinden, ins Leben zu rufen ... somit „seinen Beitrag zur Gemeinschaft" zu leisten. Der dann, oft sogar (!) aufgegriffen und weiterentwickelt wird!

Sobald jemand anfängt, an sich zu zweifeln, wird er seinen Beitrag wohl nicht tun... Wir Eltern zweifeln bestimmt öfters mal an unseren Fähigkeiten als Eltern. Wir Eltern zweifeln bestimmt öfters mal an den Fähigkeiten unserer Kinder.

Wir Eltern machen uns bestimmt öfters mal Gedanken, ob das, was wir unseren Kindern vermitteln, richtig ist. Ob wir unsere Kinder „gut erziehen" (viel besser gefällt mir: „begleiten", denn ziehen müssen wir nicht... aber das ist ein anderes Thema).

Seit September 2015 schreibe ich in meinem Kinderhaus für die Eltern in den Freitags-Mails „Pädagogisches zum Abschluss". Manches Mal bekomme ich eine positive Rückmeldung, weil ich so persönlich schreibe. Das freut mich natürlich. Manchmal fragen Eltern mich: „Da war doch hoffentlich nicht mein Kind gemeint?"

Manches Mal radle ich am Freitag-Abend heim und denke mir „Was hab' ich denn da wieder geschrieben..., naja, mal schauen, wie es bei den Eltern ankommt."

---

[6] Vorwort zur ersten Auflage

Jeder Mensch leistet seinen Beitrag, und zwar genau den, den er in diesem Moment in der Lage ist, zu tun.

Sobald man anfängt zu zweifeln, Angst zu haben, entsteht eine Bremse....

Haben wir den „Mut", unseren bestmöglichen Beitrag der Gemeinschaft zu geben! In unserer Arbeit. In unserer Familie! Bei und mit unseren Kindern! Haben wir den „Mut zur Unvollkommenheit": Wir werden nicht an unseren Kindern gemessen, wie „gut" wir als Eltern sind – und wenn doch, dann ist das das Thema der anderen und nicht unseres. *(Dieser Text war eine Freitags-Mail.)*

Vorwort Christelle Schläpfer[7]

Dieses Buch ist alles andere als ein theoretisches Buch über Erziehung – es ermöglicht den Leserinnen am Modell zu lernen, statt durch Theorie und Erklärung.

Mit ihrer Sammlung der Freitagmails an die Eltern, gibt uns Veronika Seiler einen Einblick in den Alltag des Telos-Kinderhauses und in die Praxis der Ermutigungspädagogik.

Kinder können sich dann besonders gut entfalten, wenn wir ihnen die Möglichkeit dazu geben. Entfaltung braucht allerdings Mut, denn Selbstzweifel wirken bremsend. – Indem wir immer wieder eingreifen und korrigieren, berauben wir die Kinder wichtiger Erfahrungen und Erkenntnisse.

Der Buchtitel[8] drückt ganz wunderbar aus, worum es hier geht: Kindern beim Entfalten zusehen. Das heisst, alles andere als «Laissez-faire-Stil» und, dass alles grenzenlos ist. –

---

[7] Zur ersten Auflage von 2021

[8] Der Buchtitel der ersten Auflage lautete: „Kindern beim Entfalten zusehen. Aus dem Leben einer Kinder-Gärtnerin"

Vielmehr geht es darum, den Kindern zutrauen, dass sie selber Lösungen finden, sich selber regulieren und einander helfen können. Zuzulassen, «dass jeder Mensch gerade den Beitrag leistet, den er gerade im Stande zu tun ist.»

Dieses Zusehen, braucht Mut auf Seiten der Erzieher-/innen und der Eltern. Mut, zu probieren, wie viel Eingreifen nötig ist. Mut, Fehler zu machen. Mut zur Unvollkommenheit.

Die jeweiligen Anekdoten kommentiert die Autorin und reflektiert, wie es wohl herausgekommen wäre, wenn sie anders reagiert hätte, wie sie früher mit ihren eigenen Kindern reagiert hat oder wie viel Mut es sie gekostet hat, nicht einzugreifen.

Als Profi mit immenser Erfahrung gibt die Autorin aber nicht einfach Tipps, wie man etwas tun sollte. Sie begegnet den Lesern auf Augenhöhe und geht voran mit dem Mut zur Unvollkommenheit.

Die Freude der Kinder, wenn sie etwas selber erreicht haben, selber lösen konnten, einander trösten und helfen, ist direkt spürbar und zaubert einem jedes Mal ein Lächeln ins Gesicht.

Die Kinder tragen schon alles in sich, was sie für die Entfaltung benötigen. Metaphorisch dargestellt wird dies zusätzlich anhand der Buchegger und deren Entwicklung zum Buchenbaum.

Dieses Buch ist eine grosse Bereicherung, denn es transportiert eine Haltung, wie ich sie mir so sehr für die Kinder wünsche. Eine Haltung, die man nicht in Theorie verpacken kann, sondern vorleben muss, damit man sie versteht. Das ist der Autorin damit wunderbar gelungen.

Christelle Schläpfer, www.edufamily.ch

DIE BUCHEGGER

Eine Buchegger liegt auf dem Waldboden.
Wenn wir durch den Wald spazieren und eine Buchegger sehen, dann nehmen wir das meist sehr gelassen und unaufgeregt zur Kenntnis.
Dabei liegen hier massenweise Wunder auf dem Boden herum.
Eine Buchegger liegt auf dem Waldboden: In ihr ist alles enthalten. Alles, was der Buchenbaum braucht, um ein Buchenbaum zu werden.

Genauso ist es mit einem Menschen-Kind: So klein es auch sein mag, in ihm ist alles enthalten, was es braucht, um ein „großer", „erwachsener" Mensch zu werden.

Der besondere Platz

Die Geschichte beginnt schon zwei, drei Wochen vorher. Beim Abholen möchten zwei Kinder (sagen wir, Kind 1 und Kind 2) unbedingt auf dem gleichen Stuhl sitzen, um auf die abholenden Eltern zu warten. Es ist der Stuhl an der Stirnseite, das Präsidium, der „Königsstuhl". Vor ein paar Wochen ging der „Kampf" sozusagen unentschieden aus... Heute also, 40 Minuten vor der Abholzeit, setzt sich das Kind 1 auf den Stuhl. „Was machst du denn?" frage ich nichtsahnend. „Ich sitze da." – Ich bin verwirrt. „Möchtest du nichts mehr spielen? Es ist noch gar nicht Abholzeit, es dauert noch 40 Minuten." – „Ich warte da." – „Wartest du etwa, bis die Mama kommt?" Jetzt dämmert es mir! Ach ja, dieser besondere Platz. Ich versuche, Kind 1 zu ein paar Spielen zu motivieren; es will hier sitzen. Auch gut! „Heute sitzt du also auf diesem ganz besonderen Platz!" – Es nickt strahlend! Plötzlich sehe ich, dass ein ganz anderes Kind auf dem Stuhl sitzt! Kind 1 ist – auf der Toilette! Es hat das andere Kind dazu veranlasst, auf seinen besonderen Platz aufzupassen. Als Kind 1 zurückkehrt, setzt es sich selbstverständlich wieder auf „seinen Königsstuhl". Endlich kommt Kind 2 ins Spiel: Es hat aus der Ferne lange Zeit beobachtet, was Kind 1 macht. Nun ist seine Bastelei fertig. Oft war es selbst „Besitzerin" des Königsplatzes. Doch diesmal akzeptiert es, dass dieser besondere Platz ganz sicher belegt ist! Von der Konkurrenz! Es kommt herbei, setzt sich mal links, mal rechts neben Kind 1. Die Kinder spielen mit Matroschka-Puppen. Kind 1 sitzt auf seinem Platz! Bis zur Abholzeit. Kind 2 ist heute zufrieden. Kind 1 natürlich auch! Ich bin neugierig, wie es weitergeht.

Was braucht ein Kind, um sich „besonders" zu fühlen? Manchmal ist es einfach das Gefühl, auf dem richtigen, wichtigen Platz zu sitzen!

Mehr zutrauen!

Ich bin im Anleiter-Gespräch mit unserer Praktikantin im Büro. Es klopft, kaum hörbar. „Hat es geklopft?". Jetzt nochmal eine Art verhaltenes Rumpeln an der Türe – aha, ein Kind macht sich bemerkbar! Ich öffne – es ist ein Krippenkind, alleine. „Kamera holen" oder so ähnlich, sagt es und deutet hinauf aufs Regal, wo die große Kita-Kamera in der Verpackungstasche aufbewahrt liegt. Ich hole sie. „Leg dir den Gurt um den Hals" sage ich. „Musst du die Treppe hinauf?" Ein bisschen Bedenken habe ich, weil das Kind nun keine Hände mehr frei hat: Die Kamera baumelt so weit hinunter, dass das Kind die Kamera am Gurt mit beiden Händen hochhalten muss. „Mhm" murmelt es unbestimmt, schon im Hinauseilen. Ich überlege, ob ich vielleicht hinter ihm die Treppe mit hinauf gehen sollte... Es biegt in die Krippe ab, also ohne Treppensteigen. Hinter ihm wallt wie eine Schleppe eine Art Heiligenschein nach.... Freude, Zutrauen in seine Kräfte und Stolz, dass wir ihm die teure Kamera anvertrauen.

Da sie jetzt, einige Stunden später, wieder hier im Büro an ihrem Platz ruht, muss die Kamera ja gut in der Krippe angekommen sein!

Ermutigung ist Beziehung

Immer wieder fragen mich Eltern und PädagogInnen nach konkreten „Tipps". Gerade das ist in der Ermutigungspädagogik gar nicht so einfach – denn „DEN Tipp" gibt es nicht. „Ermutigung" ist „Beziehung". Eine Aktion, die beim einen Kind hilft und zum Beispiel einen Trotzanfall entschärft, kann an einem andern Tag oder mit einer andern Pädagogin/anderem

Elternteil, oder mit einem andere Kind gar nicht wirken. Weil gerade ich vielleicht empfindsam bin beim Thema „eingepieselte Hose" kann ein Kind gerade dadurch UNBEWUSST genau bei mir auf seine Not aufmerksam machen – bei jemand anderem aber, den die nassen Klamotten kalt lassen, nicht. Was also tun, um darunter selber nicht ständig zu leiden? Was also tun, um dem Kind zu helfen? Wie gesagt: DEN Tipp gibt es nicht – es gibt viele Ideen. Die eine wirkt bei *dem* Kind in Bezug auf *den* Erwachsenen, die andere nicht.

Nachahmer- Vorbilder

Kinder lernen gerne. Das ist gut! Kinder beobachten sehr gut - und schauen in jungen Jahren alles ab. Sie probieren die Worte aus, die wir in heftiger Emotion vor uns hin sagen - und probieren sie selber aus. Sie beobachten, wie wir uns im Spiel-/Krippenzimmer verhalten - und ahmen dies nach: Wenn wir Erwachsene über sie hinweg uns viel erzählen, tun sie das "eine Etage tiefer" auch. Wenn wir das Werkzeug und die Scheren in der Werkstatt als "Gefahr" wahrnehmen - tun sie das auch.

Leben wir unseren Kinder also wortlos vor, was wir uns von ihnen wünschen: "Ruhe im Krippenzimmer." - "Mit Werkzeug und Scheren kann man etwas arbeiten. Hier ist die Stelle, die weh tun kann. Ich zeige dir, wie man richtig damit arbeitet. Ich vertraue, dass du gesund bleiben willst und wirst. Ich vertraue darauf, dass du auch die anderen Menschen gesund lassen willst".

Nehmen wir uns immer wieder aus der Beobachter-Position heraus wahr: Wie wirke ich? Was vermittle ich meinem Kind? Will ich das so?

Kinder-Ferien

Wenn Kinder in die Kita gehen, ist das für sie – NICHT Spiel und Spaß, SONDERN Arbeit. Im Spielen, Basteln, Rollenspielen, Bauen, Konstruieren, Diskutieren, Streiten, Lösungen finden, schauen, meditieren, singen... lernen und entwickeln sie sich. Das ist Arbeit.

Es ist gut, wenn Kinder Ferien von ihrer Arbeit haben. Es ist gut, wenn sie in dieser Zeit einfach nichts machen MÜSSEN, sondern tun DÜRFEN. Das eben, was auch wir Erwachsene uns von Ferien erhoffen: Zeit für das, auf was wir Lust haben.

Ich wünsche unseren Kinder – genauso wie uns allen – gute Erholung, Zeit für „sich finden und die Seele nachkommen lassen", Zeit für Späße, Zeit für Kuscheln ... Zeit zum Sein.

Wie funktioniert das mit dem Vertrauen?

Gestern waren wir – natürlich – wieder am See mit den Kindergartenkindern. Drei Krippenkinder haben uns begleitet. Es war ganz entspannt: Die Kinder haben „geangelt", Steine geworfen, sind am über den See hängenden Baum geklettert, am anderen Baum mit dickem Stamm balanciert... ICH war ganz entspannt. Nach einiger Zeit habe ich mich gefragt, warum das so ist: Ich erinnere mich an See- und Bachszenen mit meinen eigenen drei bis vier Kindern – da hatte ich schon öfters mal Sorge, dass eines abrutscht, nasse Füße und Hosenbeine bekommt; dass die Steine statt in den See (vor das Kind) auf einen anderen Menschen (hinter das Kind) geworfen werden; dass beim Klettern ein Kind herunterfällt. Vor allem als

Mutter von jungen Kindern. Wann habe ich gelernt, dass Kinder ganz vieles können? Und lernen wollen? Und Erfahrungen machen wollen? Wann habe ich gelernt, dass es nicht schlimm ist, im März bei sonnigem Wetter nasse Füße zu bekommen? Dass ein Sturz vom 2 Meter hohen Baum (je nach Höhe, Baumbeschaffenheit und Untergrund) meist ohne gefährliche Folgen bleibt? Dass die geworfenen Steine, auch wenn sie nach hinten fallen, gerade NEBEN den Kopf des anderen, und nicht auf seinem Kopf landen? Wann habe ich gelernt, zu vertrauen?

Dass ist es, was ich Ihnen, liebe Mütter und Väter von jungen Kindern, wünsche!

Ich blicke auf (nun schon weit) über 20 Jahre „Leben mit Kindern" zurück – manche Platzwunde haben meine 3 Jungs, einen schlimmen Zeh Bruch hat meine Tochter erlebt – natürlich. Aber „gesund" an der Seele sind sie geblieben. Oder gerade dadurch geworden? Natürlich: Das Risiko kann man nicht immer genau abwägen. Und am Ende sind wir heilfroh und den Schutzengeln unendlich dankbar, dass sie im richtigen Moment ihre Flügel ausgebreitet haben und (noch) Schlimmeres verhindert haben.

Jedoch: Die Erfahrung, dass „es" bisher immer irgendwie gut ging – das baut Vertrauen auf. Hilfreich dabei: „Schlimmes" nicht noch schlimmer machen, indem man ständig darüber jammert. „Gutes" vermehren, indem man anderen dankbar davon erzählt!

Mutige Kinder – Stöcke im Garten

Kinder spielen mit Stöcken im Garten. Ritterkämpfe werden ausgetragen. Was lasse ich zu? Wo unterbinde ich? Plötzlich weint halt doch ein Kind, das einen Stock ans Hirn bekommen hat. Als ich gerade hin spurte, sehe ich, dass das andere Kind, das den Hieb ausgeführt hat, das verletzte Kind streichelt und tröstet. "Wo tut es weh?"

Ich kriege gerade noch die Kurve und bremse mein Rennen ab. Die Kinder schaffen das alleine. Es sind mutige Kinder. Nur kurz schaue ich unter die Woll-Mütze, ob der Hieb eine ernste Verletzung bereitet hat. Nein. Wieder einmal war das Glück uns hold - wie so oft im Beisammensein mit den Kindern.

Es sind "mutige" Kinder: Im Sinne der Telos-Ermutigungspädagogik also Kinder, die wissen, was wann richtig und sachlich notwendig ist. Die sich nicht blamiert verstecken oder verdrücken. Die kein Drama daraus machen, wenn sie etwas falsch gemacht haben. Die aktiv, sozial sinnvoll und hilfsbereit handeln.

Machen wir aus unseren Kindern "mutige" Kinder!

Wie gefährlich ist das denn?

Gartentag, bei dem wunderbaren Wetter…! Einige Jungs beschäftigen sich ausführlich mit den Holzabschnitten und ein paar Brettern. Sie entdecken, dass man auf dem leicht abschüssigen Weg hinter dem Haus die Abschnitte rollen lassen kann. Und wenn man sich auf die Bretter setzt, kann man sogar fahren. Und: Wenn man das Brett mittig auflegt, gibt es eine Wippe… Das ist spannend! Ich schaue zu. Ich weiß, dass die Kinder gerade direkt an der „unsichtbaren Grenze" spielen. Wenn sie auf diese Art weiterspielen, rollen sie nach und nach in den „unerlaubten" Bereich. Aber genau hier ist der Boden leicht schräg… dieses Spiel geht nur hier! Ich weiß auch, dass die Kinder sich ganz schön wehtun könnten: sich die Finger einklemmen, sich aus Versehen gegenseitig das Brett um die Ohren hauen, einen Spreißel einziehen… Ich wäge ab – und entscheide mich, weiterhin still zu beobachten. Jetzt weint einer der Jungs. Ein anderer hat ihm wohl aus Versehen wehgetan – der verzieht sich ein paar Schritte an die Hauswand. „Ich wollte das nicht!". Ein Kind weint, weil es ihm weh tut, eines weint, weil es nicht weh tun wollte, die anderen beiden schauen aufmerksam, dann kümmern sie sich um den Verletzten. „Blutet es?" – Nein, das tut es nicht. Es geht schon wieder. Sie wissen nicht, was sie mit dem anderen traurigen Jungen machen sollen, schließlich geht einer hin. „Du wolltest das nicht. Du kannst nichts dafür." – Es zieht sich eine Zeit lang: Der eine trauert, die anderen trösten – schließlich spielen drei Jungs weiter, der Traurige bleibt an der Wand zurück und beobachtet. Es dauert gefühlte 5 Minuten, bis er sich wieder zu den rollenden Brettern traut. Genau in dem Moment, als er sich draufsetzt, rutscht das Brett ein paar Zentimeter nach unten. Und der Junge saust zurück zur Wand. Hier bleibt er lange!

Bis jetzt habe ich nur beobachtet. Und das werde ich auch weiterhin tun, entscheide ich. Alles, was ich jetzt sagen würde, würde die ganz persönliche Erfahrung der vier Jungs verändern… und zwar durch meine Bemerkungen, oder sagen wir: Einmischung – in meine Richtung, nicht in ihre. Bis jetzt haben sie ja immer eine gute Lösung gefunden. Das Kind an der Wand wird mit Kommentaren in das Spiel mit einbezogen. Es ist dabei. Und nach langer Zeit spielt es auch wieder ganz praktisch mit.

Das haben die Jungs gelebt: Kreativität und Neugierde; Neues gelernt über schrägen Boden; sich einfühlen in zwei Kinder, die aus unterschiedlichen Gründen weinen; Selbstwirksamkeit bei der Lösung der rollenden Baumstämme, der weinenden Kinder und des traurigen Jungen.

Das habe ich mal wieder erlebt: Vertrauen üben! Mir klar machen, was als Schlimmstes passieren kann und mir überlegen, ob ich das verantworten kann; aufmerksam beobachten und mich in die Kinder einfühlen. Entscheiden, dass eine Grenze nicht immer starr ist. Jeden Moment aufs Neue entscheiden, ob ich „nur" beobachte oder mich aktiv einschalte. Wenn mich jemand beobachtet hat, meinte er wohl „Pädagogin sein: Wie gemütlich!" Wer meine Gedanken und Gefühle miterlebt hätte, sagte vielleicht: „Kinder beobachten – was für eine Arbeit!" Eine schöne, wunderbare, bereichernde!!

Unterschied Ermutigung – Lob

Heute haben wir in der Kindergarten-Versammlung gesungen. Thema "Sommerlieder". Da meldet sich ein 4-jähriges: "Ich kann auch ein Lied. Eines über Piraten!" - Veronika: "Ja! Sing mal vor!" - Das Kind zögert, grinst, dann fängt es an und singt 2 Zeilen (wahrscheinlich die Titel-Melodie eines Filmes, denn ein paar Kinder scheinen es zu erkennen). Alle lachen. Ich fange sofort an zu klatschen. "Schön! Du hast so eine schöne Stimme! Und so klar." Meine Kollegin fällt ein: "Und bist so mutig und hast dich getraut, alleine zu singen!" Das Kind strahlt. Sofort gehen die Finger von drei, vier anderen Kindern hoch: Und jedes singt ein kleines (selbsterfundenes) Lied vor - Thema "Elfen", "Piraten" und anderes. Jedes bekommt von uns Applaus und ein paar begeisterte Worte dazu: Freude am Singen, wie sich die Stimme anhört, dass das Kind Mut hatte alleine vorzusingen, dass das Kind schöne/interessante Worte gefunden hat...

Das ist Ermutigung. Lob wäre: "Das hast du gut/richtig gemacht."

Bei Ermutigung geht es nicht um die Kategorie richtig - falsch (Themaverfehlung, Melodie war nicht zu erkennen, zu leise gesungen, genuschelt...), sondern darum, wie es jemand macht. Und dazu gibt es einfach immer etwas Positives (zumindest Neutrales) zu sagen.

Viel Freude beim Ausprobieren, sich-selber-zuhören, sich-über-sich-selber-wundern-was-man-doch-immer-mal-wieder-seltsames-zu-seinem-Kind-sagt, viel Freude beim neugierig sein!

Spontan sein

Soeben geht der DIY-Nachmittag zu Ende. Zwei Kinder hatten sich schon vor Tagen bereit erklärt, Steine zu bemalen. Alles klar! Nur: Heute Vormittag hatten wir alle leider überhaupt keine Zeit, mit den Kindern das Angebot vorzuplanen. Jetzt stehen sie da: „Wo sollen wir denn basteln?" Der Tisch ist das Einzige, was da ist. „Na, dann holen wir mal im Garten Steine." Während an den anderen Tischen schon eifrig gewerkelt wird, richten die Kinder in aller Seelenruhe ihr Angebot her: Schleppen Steine aus dem Garten her, waschen sie mit Hilfe eines geduldigen Papas, überlegen, welche Farben sie nehmen sollen... es geht alles so ruhig von Statten! Und dann malen sie: Steine mit Füchsen, Steine mit Rehen, Steine mit Wald-Haien... Zwischendurch holen sie neue Steine, die sie ebenfalls waschen. Nach gut einer Stunde sagt ein Kind: „Veronika, kann ich jetzt mal Pause machen?" Na klar! Und dann organisiert es auch noch eine mütterliche Vertretung für seinen Basteltisch! Das nenne ich Selbstorganisation und Selbstwirksamkeit! Toll!

Davon kann ich mir manchmal gut ein Stück abschneiden, von dieser kindlichen Ruhe und Zuversicht!

DIE BUCHEGGER BEGINNT ZU WACHSEN

Es ist Frühling. Die Buchegger hat zu keimen begonnen. Mutig streckt sie ihre Keimblätter der Zukunft entgegen. Das Leben heißt sie willkommen.

Jedes Menschenkind, das sich entschlossen hat, hier eine Zeit lang auf der Erde zu leben, hat alles in sich, um zu keimen, zu wachsen zu beginnen. Jedes in seinem Tempo, jedes in seiner Art.

Vielfalt

Ein Tag mit Kinder bietet so viele Erlebnisse... was soll ich heute schreiben? Soll ich meine Beobachtung berichten von zwei jüngeren Jungs, die sich heute in meinem Angebot „beschnuppert" haben: Erst mal beobachtet, dann jeweils das gleiche Spielzeug haben wollen, sich beinahe gehaut, dann nebeneinander das Gleiche gespielt, zuletzt (nach 25 Minuten) miteinander gespielt. Meine Aufgabe dabei: Einfühlsam beobachten, behutsam kommentieren.

Oder soll ich berichten von dem Krippenkind, das heute zum ersten Mal den ganzen Tag im Kindergarten verbracht hat (weil es uns in der Krippe unterfordert scheint), das immer mal wieder nach seiner Mama jammerte (wenn ihm langweilig war), das dann im Angebot lange ein Vorschulkind beim Bauen mit Zahlenwürfeln beobachtete, ihm anschließend immer einen Würfel reichte und zuletzt gemeinsam mit ihm ganz heiter das große Würfelwerk vollendete. Meine Aufgabe dabei: Einfühlsam beobachten, lächelnd Präsenz zeigen, Da-Sein, wenn es jammert, Da-Sein, wenn es beobachtet, spielt, kurze Hilfe braucht...

Oder soll ich berichten vom dem Kind, dessen eigenes Malbuch aus Versehen leicht verknittert wurde, das dann jämmerlich weinte, das ich, nach anfänglichen Tröstungsversuchen, aufforderte, sich auszuweinen bis ich mich schließlich zu ihm setzte: „Ach, so ein Jammer!" und es einfach umarmte, ganz lieb, und spürte, wie das Weinen sich schnell ausweinte, noch etwas nachzitterte, und es dann gut war... Meine Aufgabe dabei: Einfühlsam beobachten, Da-Sein, mitfühlen, weinen lassen, ganz da sein und Liebe vermitteln...

Ein Tag mit Kindern bietet so viele Erlebnisse, wie es „Kinder mal Sekunden" gibt. Sich jede Sekunde ganz neu einlassen auf das Kind, die Situation, diese/unsere Beziehung erspüren – das hilft Kindern, sich zu erfahren, ihre eigenen Möglichkeiten kennenzulernen, Neues zu erproben, zu verwerfen, wieder Neues auszuprobieren...

Jeder Moment ist ein neuer Moment in der Beziehung ... zum Kind, zum Partner, zur Welt, zu mir.

Sand auf dem Kopf

3 Jungs (4 und 5 Jahre alt) spielen im Sandkasten ein schönes Ratespiel: Ein Junge versteckt etwas im Sand, ein anderer schaut weg und sucht anschließend. Ein 1-jähriges spielt daneben. Plötzlich weint das junge Kind, Sand klebt in seinem Gesicht. „Der Janos hat dem Luis (junges Kind) Sand drauf geschüttet!" schallt es mir entgegen. Janos verteidigt sich: „Ja! Weil der Luis hat mir auch Sand drauf geschüttet!". Ich erkläre ruhig, dass nun das junge Kind vom älteren gelernt hat, dass es richtig ist, Sand auf den Kopf zu werfen. Sage lieber „Halt!". Okay.

Eine kurze Weile später höre ich ein zaghaftes „Nein" von Janos und sehe, wie eine weitere Ladung Sand vom jungen Kind Luis auf den älteren Jungen Janos gekippt wird. „Nein!" sage ich bestimmt und schaue Luis ernst an. Er schaut mich an, schaut weg, schaut mich wieder an. Ja, ich schaue immer noch wortlos bestimmt und schüttele den Kopf. Das junge Kind geht einen Schritt zurück. Ich lächle es an und mache es auf ein eingegrabenes Sandförmchen aufmerksam. Hier beginnt es freudig zu buddeln.

Ermutigung bei ganz jungen Kindern: Sachlich und bestimmt, mit ganz wenigen Worten und viel mehr Gestik und Mimik zeigen, was Sache ist. Ermutigung bei 4 – 5-jährigen Kindern: Sachlich erklären, um was es geht, mit mittel-wenigen Worten. Für alle: Kein Drama aus dem bisschen Sand im Gesicht machen.

Auf die Überholspur gehen

Kürzlich wollte eine Familie einen kurzen Rat, weil „das Kind anstrengend ist!" Ich sagte: „Gehen Sie doch einfach auf die Überholspur! Tun Sie so, als ob Ihr Kind ein bis 2 Jahre älter ist – und behandeln es einfach so. Sprechen Sie so, trauen Sie ihm so viel zu, leben Sie so." Zwei Tage später hat sich die Familie bei mir bedankt: „Die Situation ist absolut entspannt!"

Meistens merken wir Eltern nicht oder zu spät, dass unser Kind schon wieder „älter, „reifer" ist: Gerade haben wir uns daran gewöhnt, was es schon alles versteht und kann – da ist es schon wieder „gewachsen". Wenn wir achten, dass wir unser Kind nicht überfordern, ist es meistens sehr hilfreich, das Kind „älter" zu behandeln, als es vom Alter her ist.

Entspannt zuhören und einfühlen – Geschichten am See

Donnerstag, unser wöchentlicher Wald- /Seetag: Aufbruch zum Spaziergang. Da es stark regnet, dürfen die Kinder wählen, ob sie mitgehen. Fünf wetterfeste Kinder im Alter von gerade 3 bis gerade 5 Jahren gehen mit.

Das jüngste will kein „Warndreieck (Mini-Warnweste)" umhängen. „Nein, ich will das nicht." Ich merke, dass es genau der Tonfall ist, mit dem es seine Eltern meist in Bedrängnis bringt.

Ich: „Alle Kinder nehmen eins – und ich auch." Ich lasse innerlich mir selber keinen Zweifel. Laut denke ich nach: „Ich suche mir ein neues – dieses hier passt nicht über meine Regenjacke." Das Kind nickt. „Ich auch."

Doch plötzlich dreht es sein bereits erhaltenes Warndreieck, das es bisher lustlos in der Hand gehalten hat, geschickt so, dass es wie eine hübsche Halskette aussieht. Erledigt.

Am See: Zunächst entdeckt ein Kind „einen Regenwurm in der Kastanie". Bei genauerem Hinsehen stellt der sich als keimende Kastanie heraus. Zwei davon setzen wir später in Blumentöpfe – vielleicht können wir einem Kastanienbaum beim Wachsen zusehen?

Etwas später: Den schrägen Ast des Kastanienbaumes haben zwei Kinder erklommen. Das dritte, jüngste, will auch: „Nein, du darfst nicht!" schallt es von oben. Das jüngste gibt nicht auf. „Ich will aber auch!" – Nachdenken von oben, dann: „Nur, wenn du mir 1000 Euro gibst." – Schweigen unten. – „Nur, wenn du mir 100 und 1000 Euro gibst!" – Von unten: „Ich will hoch!" – „Nur, wenn du mir 10 Geldbeutel von der Mama gibst!" – „Ich will auch mal hoch." – „Nur, wenn du mir Süßigkeiten gibst." … Die Auswahl und Menge der Süßigkeiten wird nun gemeinsam von den beiden am Baum erörtert. Unten wartet das dritte Kind. Dann sagt es: „ich gebe dir 1000 Euro." – „Ich will Süßigkeiten!" schallt es von oben…

Ich habe Zeit, zuzuhören und zu verstehen, wie die Kinder von „abstrakten Zahlen" doch lieber zu „süßer Währung" übergehen.

Nach einiger Zeit sage ich ruhig nach oben: „Tim wartet sehr geduldig." Die Kinder am Baum schauen anders, nachdenklich. Und machen sich sofort (!) an den Abstieg. Während dessen wird noch erörtert, wer anschließend oben sitzen darf. Das oberste Kind steigt ganz ab, das zweit-oberste spurtet schnurstracks an die oberste Stelle – das wartende dritte Kind, Tim, darf sich an den Aufstieg machen. Dass es zum Erreichen der Äste, die man braucht, um sich hochziehen zu können, noch zu kurz ist, spielt keine Rolle.... Diese Erfahrung macht es still für sich. Das Spiel wendet sich nun gemeinsam zu dritt anderen Themen zu...

Was habe ich gemacht? Gewartet und geduldig zugehört. Mich eingefühlt in alle drei Kinder – dafür hatte ich ja Zeit. Ausgesprochen, was ich bemerkt habe, und zwar so, dass sich die beiden auf dem Baum wertfrei in das wartende Kind unten einfühlen können. Mehr nicht (wie etwa ansagen, was sie machen sollen). Somit haben die drei Kinder „mutig" (im Sinne der Individualpsychologie) alles alleine gelöst.

Einen Moment länger warten

Heute haben zwei Jungs mit einem großen Wasserball Fußball gespielt. Eine lange, schöne Zeit – bis der Ball dem einen etwas heftiger auf der Nase landete. Schon wollte ich los spurten – da bemerkte ich, wie der Unverletzte den anderen sehr, sehr liebevoll streichelte, ihm beruhigende Worte sagte, ihn gar umarmte... Als ein hilfreiches Vorschulkind nahte, wurde es vehement vertrieben: „Ich mach das schon!! Geh weg!"

Alles klar! Hilfe von Seiten anderer war nicht nötig.

Kurz darauf spielten die beiden froh vereint weiter.

Grenzen und Ziele

Wo ist die Grenze, die man einem Kind setzt? Das ist jedes Mal aufs Neue die Frage. Vorschulkinder toben und rabauken im Flur der Grundschule (die wir besuchen), während ich mich mit der Schulleiterin unterhalte. Sage ich was? - Ein Kind mag partout nicht in den Garten, obwohl heute alle Kinder wenigstens ein bisschen hinaus gehen sollen. Sag ich was? Setze ich mich durch? - Ein Kind hüpft im Mehrzweckraum über die Matten, während alle anderen auf den Versammlungsbänken sitzen und warten, bis dieses Kind kommt. Das sich verweigert. Sag ich was?... Solche Situationen gibt es in Kitas (und Familien wohl auch) sehr oft.

"Individualpsychologie" - das ist die Basis unserer "Ermutigungspädagogik". Dieses Wort hat Alfred Adler gewählt, um die Unteilbarkeit der menschlichen Psyche zum Ausdruck zu bringen: Körper, Geist und Seele eine Einheit. Denken, Fühlen, Handeln sind verbunden. (Im Gegensatz zu Freuds Lehre von Es - Ich - Überich). Individualpsychologie: Dazu gehört an nahezu erster Stelle die "Gemeinschaft", auf die alles menschliche Handeln bezogen ist.

Und doch ist es im Sinne der "Ermutigungspädagogik" sinnvoll, nicht alle Kinder über einen Kamm zu scheren. Jedes Kind soll und darf nach seiner momentanen Befindlichkeit angeschaut und behandelt werden. Also individuell betrachtet werden. Vor allem geht es darum: Sich in das Kind hineinzuversetzen. Nachzuspüren, welches ZIEL (= Telos, altgriechisch) es mit seinem Handeln wohl bezweckt. Folgen wir der angefangenen Bewegungslinie des kindlichen Handelns... finden wir meist das bezweckte Ziel:

Tobende Vorschulkinder ... (Natürlich müssen sie sich - kausal betrachtet - abreagieren.) Folge ich der (finalen) Bewegungslinie, könnte es ein, dass es mir irgendwann zu viel wird und ich im Beisein der Schulleiterin die Kinder anspreche, ermahne, schimpfe... Was zur Folge hätte, dass die Schulleiterin die Kinder besonders anschaut, ihnen besondere Aufmerksamkeit zuwendet, sie sieht, sie möglichweise für "Schul-ungeeignet" hält. Denn: Als wir hinausgehen zur Bus-Haltestelle sagt ein Kind: "Bin ich froh, dass wir gehen: Schule ist sooo blöd!"

Was tun im Sinne der "Ermutigungspädagogik": Das Ziel erfühlen - das Gewünschte geben, aber ANDERS. Ich hab's heute so gemacht: Mit der Schulleiterin geredet und die Kinder toben lassen. Als wir gehen mussten, ihnen gesagt, dass ich froh bin, dass sie vorsichtig getobt haben. Und dass sie hiergeblieben sind (sie hätten ja auch im Flur herumrennen können). Bekommen haben die Kinder dadurch ein bisschen positive Aufmerksamkeit. Das tut immer gut!

„Lange-Weile"

In einem Elterngespräche sind wir vor einiger Zeit auf das Thema „Langeweile" gekommen.

Ich persönlich kann mich noch so gut erinnern, wenn es mir als Kind langweilig war. Das war richtig ätzend. „Mama, mir ist langweilig!" haben auch meine eigenen Kinder mir immer wieder vorwurfsvoll mitgeteilt — als ob ich dafür verantwortlich gewesen wäre!

Das geht vielen Eltern wohl ähnlich wie mir als Mutter.

Mittlerweile habe ich schon sehr oft beobachten können, wie sich aus einer richtigen Langeweile Kreativität, Fantasie und Neues entfaltet. Im Elterngespräch habe ich dazu ein Beispiel erfunden:

Ein Kind langweilt sich. Es liegt am Boden herum. „Mama, mir ist langweilig!" „Ja" sagt die Mutter. Das Kind rollt am Boden hin und her, hin und her.... „Mama, mir ist immer noch langweilig!!" — „Ja, ich habe es gehört" sagt die Mutter neutral bis liebevoll. Das Kind rollt hin und her — die Langeweile breitet sich förmlich im ganzen Zimmer aus. Die Hände des Kindes greifen beim Rollen auf dem Rücken auf die rechte Seite auf den Boden – und ergreifen etwas: Was ist das? Ach ja, der herumliegende Bauklotz. Es dreht ihn vor seinen Augen hin und her und betrachtet ihn. Es greift mit seiner anderen Hand auf die andere Seite – vielleicht liegt ja dort auch etwas herum? Es fühlt... nichts... doch da: Etwas Kleines! Eine kleine Tannennadel - wie die da wohl hinkommt? In der einen Hand den Bauklotz, in der anderen Hand die Tannennadel liegt das Kind rücklings am Boden und betrachtet die beiden Teile in seinen Händen: Tannennadel und Bauklotz. „Ich war auch mal im Wald. Im Urlaub. Ich sehe die großen Bäume vor mir..." denkt es. Plötzlich kommt dem Kind das Bild der Leiter über das Kuh-Gatter in den Sinn. „Da mussten wir drüber klettern..." Es setzt sich auf. Es legt die Nadel auf den Bauklotz, schiebt die Nadel so und so herum... UND beginnt zu bauen. Aus der in diesem Moment geplanten Zaunanlage für Kühe wird im Laufe des Bauens eine Startrampe für Dinosaurier, die zum Mond wollen...

Langweile ist dann sinnvoll, wenn wir alle gemeinsam sie aushalten und sie zur Langen Weile wird! Sämtliche elektronischen Geräte hindern diesen Vorgang (was nicht heißt, dass ein Kind – je nach Alter – ab und zu sich damit beschäftigen kann). Hilfreich ist es, wenn ein kleines bisschen „Un-Ordnung" oder sagen wir besser „Möglichkeit, die Fantasie entfalten zu lassen" vorhanden ist. Dazu reicht ein kleiner Bereich: Vielleicht eine Decke am Boden, auf der das Kind ein paar Sachen (Stöcke von draußen, ein paar Duplo-Steine, ein paar Spieltiere...) herumliegen lassen darf. Wenn wir die Lange Weile gemeinsam aushalten – entfaltet sich Neues, weil die Kreativität – die im Kind genauso, wie in uns Erwachsenen vorhanden ist! - Raum und Zeit bekommt.

Dann entstehen auch sinnvolle, hilfreiche Dinge und Gedanken, die bisher noch niemand gedacht und getan hat – und das ist es doch, was wir brauchen, oder?

Die verheddderte Jacke

Gartenzeit. Ich sitze am runden Bänkchen und beobachte die Kinder. Ein Kind sagt: „Schau mal, was ich kann!" und fährt ein Stück auf seinem Fahrrad. Als es die eine Hand loslässt zum Einhändig-fahren, rutscht das Fahrrad seitlich weg. Nix passiert. Nur: Die offene Jacke hat sich ja grad dermaßen blöd um den Fahrradlenker gewickelt... Das Kind zieht, zerrt – die Jacke bleibt hängen. Es ist ein Kind, das bisher viel Unterstützung erfahren hat und gewohnt ist, dass ihm schnell geholfen wird. Auch mein erster Impuls ist: Hingehen! Doch es gelingt mir, sitzen zu bleiben. Ich schaue aus der Entfernung zu. Das Kind schaut mich hilfesuchend an. „Schau gut hin! Du schaffst das!" Das Kind zerrt und zieht – das nützt nichts. „Schau gut hin!" rufe ich nochmal freundlich. Jetzt hat es mich richtig verstanden: Es schaut ganz genau, zieht ein bisschen hier, bewegt das Fahrrad ein bisschen so. Endlich sieht es, dass der Lenker in die offene Jackentasche geraten ist – und schwupps, ist die Jacke losgemacht. Ich applaudiere lachend! Mehr sage ich nicht. Das Kind radelt stolz weiter. Und jetzt klappt auch das kurze Einhändig-fahren!

Ermutigung: Das ist 1. Zutrauen an der richtigen Stelle. 2. Sitzen bleiben, wenn nötig! 3. Mut-machender Zuspruch. 4. Normale (und nicht übertriebene) Anerkennung.

Bitte nicht stören

Lange Gartenzeit. Viele Kinder-Grüppchen spielen allüberall im Garten. Da sehe ich ein Kind in eine Ecke weg huschen, zu den Birken hinten im Garten. Erst denke ich, es spielt mit anderen Kindern Verstecken. Doch als ich bemerke, dass sich das

Versteck-Spiel der anderen auflöst, spaziere ich mal so beiläufig hinter zu den Birken. Schon aus einiger Entfernung höre ich das Kind leise vor sich hin summen. Jetzt sehe ich, wer es ist: Ein Mädchen. Es hockt am Boden und malt mit seinem Finger in der Erde. „Alles klar?" frage ich leise im Vorbeigehen. „Ja" sagt es leise zurück. Ich habe das Gefühl, in eine sanfte Zwiesprache eingedrungen zu sein... Schnell schaue ich wo anders hin und gehe still beglückt weiter. Zum Glück bleiben die anderen Kinder eine Zeit lang von der Birken-Ecke weg.

Ermutigung ist auch das: Stille und Alleine-sein vertrauensvoll respektieren...

Aufräumen geht alle an!

Die Kindergartenkinder sammeln sich bereits zur Versammlung im Mehrzweckraum, ich komme als letzte den Flur entlang – und was sehe ich? Chaos in der Garderobe. Während ich die Treppe hochgehe, überlege ich, wie ich das den Kindern so vermittle, dass sie lernen, mit FREUDE aufzuräumen. Meine Lösung: Das Thema ihnen geben.

Oben bei den Kindern angelangt, sage ich in freundlichem, spannendem Tonfall: „Jetzt muss ich euch was sagen: Ich komm gerade an der Garderobe vorbei – und was sehen ich?! Lauter Schuhe und Jacken durcheinander am Boden und ein Häufchen Sand vom Sandkasten! Wisst ihr was? Ich weiß gar nicht, wem die Sachen gehören – ich kann mir das einfach nicht merken, wem welche Jacke gehört. Was machen wir denn nun?" – „Wir räumen auf! Wir gehen runter! Der, der Unordnung gemacht hat, soll runter gehen!" schallt es mir entgegen. „Okay, so machen wir es: Ich rufe immer ein paar Kinder auf, die gehen runter und schauen nach, ob sie was zum Aufräumen haben." Einige sagen: „Der/die XY hat seine Jacke nicht aufgeräumt!" Das überhöre ich geflissentlich.

Während die Versammlung ihren normalen Gang läuft, rufe ich immer ca. 4 Kinder auf, die eifrig, heiter und neugierig runter gehen und wahrscheinlich aufräumen. Als alle unten waren, fragt ein Kind: „Soll ich nachschauen, ob alles ordentlich ist?" Wie aus einem Mund sagen meine Kollegin und ich: „Nein, nein, das passt schon!" Denn: Wir vertrauen darauf, dass die Kinder UNSER ALLER Garderobe ordentlich haben wollen und dies nun jeder für sich entsprechend seiner Möglichkeit erledigt hat.

Wollen Sie etwas daraus für sich und Ihre Familie mitnehmen? Vielleicht das: * Kinder wollen es schön (in jeder „Beziehung"!) haben. * Gehen wir als Erwachsene davon aus, dass Kinder manche Vorschrift im Eifer des Spiels „vergessen" – nicht aus Absicht, sondern weil sie so beschäftigt sind; oder weil es wichtiger ist, sich als erster den „besten" Platz in der Versammlung /beim Essen/ in der Geschwisterreihe zu suchen; oder weil sie die Erfahrung gemacht haben, dass sie durch ihre „Vergesslichkeit" etwas anderes von uns Erwachsenen bekommen: Negative Aufmerksamkeit vielleicht. * Gehen wir als Erwachsene davon aus, dass Kinder sich sehr wohl merken, mit welcher ihrer „Vergesslichkeiten" sie bei uns besonders viel negative Aufmerksamkeit (Schimpfen/Belehren...) bekommen. Und dass sie in bestimmten Zeiten genau diese negative Aufmerksamkeit von uns (unbewusst) einfordern. Geben wir ihnen doch lieber positive und liebevolle Aufmerksamkeit da, wo es passt – das macht auch uns Erwachsenen viel mehr Freude!

Mit jungen Kindern am See

Herrlich! Gestern waren zum ersten Mal sechs Krippenkinder beim See-/Waldtag mit den Kindergartenkindern dabei! Toll sind sie hingelaufen – alle! Nachdem wir uns ausführlich mit

Brotzeit gestärkt haben, ging's zum Spielen. Ich war direkt am See eingeteilt: Hier verweilten sich die jungen Kinder zunächst. Erinnerungen an die Zeit, als meine eigenen Kindern so jung waren, kamen mir in den Sinn: Ich mit damals noch drei Kindern mit einer Freundin und deren drei Kindern zum Spielen an einem Bach… Ich war nach kurzer Zeit schweißgebadet und meine Freundin wunderte sich, warum ich so gestresst bin. Ja, das war ich damals tatsächlich: Denn ich hatte ständig Sorge, dass eines meiner Kinder in den Bach rutscht. Passiert wäre vermutlich kaum etwas außer nasser Klamotten. Jetzt, ca. 15 Jahre später, bin ich ganz gelassen. Denn ich habe ja mittlerweile schon so oft die Erfahrung gemacht, dass außer nassen Schuhen und ein bisschen Wasser an der Hose oder den Ärmeln am See nichts passiert. Ich sehe junge Krippenkinder, die mit Steinen absolut sicher und gekonnt ins Wasser werfen! Sie schreien dem vorbeifahrenden Dampfer zu. Hin und wieder vergisst eines, dass Wasser nass ist und übersieht die gut sichtbare „Laub-Grenze" (die die kleinen Wellen geformt haben): Mit Halb-Schuhen will es in den See wandern, um ein Stöckchen oder Blatt zu holen. Ich bin da und halte das Kind mit wenigen Worten auf.

„Da!" zeigt mir ein Kind etwas auf dem See – ich entdecke endlich ein schwimmendes Blatt. „Eine Ameise!" Es schaut tatsächlich fast so aus wie ein Insekt: Der Stil ragt nach oben und spiegelt sich im Wasser, sodass es aussieht wie ein Körper mit zwei Fühlern. Ich hole ein ähnliches Blatt und erkläre kurz die Spiegelung. Interessiert hört mir das Kind zu. Dann greift es das Blatt, wirft es schwungvoll ins Wasser – leider landet es gleich am Rand, wo das Wasser dunkel ist und sich nichts spiegelt. Macht nichts: Das Kind hat es begriffen! Das macht doch einfach nur Freude! Und was machen bei dieser Wärme schon ein paar nasse Schuhe und Socken…

Was ich, die ich nun schon so viele junge Kinder am Wasser beobachtet habe und die Erfahrung gemacht habe, dass Kinder „es" richtig machen wollen, Ihnen gerne mitgeben möchte:

Dies sollte man sich vorab überlegen: 1. Was ist das Schlimmste, was passieren kann? 2. Wodurch kann dieses verhindert werden? 3. Wie kann ich das junge Kind spielerisch animieren, dabei mitzuhelfen?

Und dies sollte man am Wasser mit knapp der Hälfte der Aufmerksamkeit unbedingt auch tun: 4. Das Wasser und seine Schönheit genießen! (Denn die eigene Ruhe überträgt sich auf das Kind...)

Es wird wieder kalt!

Die Sonne scheint – und trotzdem ist es sehr kalt! Wir wissen das aus Erfahrung – die jungen Kinder haben diese Erfahrung noch nicht gemacht... oder wieder vergessen. So machen wir es (auch in diesem Herbst wieder☺) im Telos-Kinderhaus. „Teste mal, wie kalt oder warm es ist." Die Kinder hüpfen auf die Stein-Terrasse und fühlen. „Kalt – ich hol mir eine Jacke!"

Oder: „Warm!" Dieses Kind geht so, ohne Jacke, in den Garten. Das Einzige, was ich als Erwachsene tun muss[9], ist: In drei bis sieben Minuten (und das die ganze Gartenzeit hindurch!) die Fingerspitzen und die Nase des Kindes fühlen. Ich mache es so: „Darf ich mal deine Finger und deine Nasenspitze fühlen?" Wenn kalt: „Oh, die sind ganz kalt! Weißt du, was gerade in dir los ist? – Dein Blut hilft dir, dein Herz zu wärmen. Dein Herz ist das Wichtigste in deinem Körper. Es ist hier, an dieser Stelle. Das Blut aus den Fingern und der Nase geht ganz eng

---

[9] Dies nennen wir mittlerweile den „Finger-Nasen-Test"

zum Herz hin und macht es warm. Hilf deinem Blut, dein Herz warm zu halten."

Das sage ich auch ganz jungen Kindern. Kinder ab circa zwei Jahren verstehen die Worte, auf alle Fälle jedoch die Ernsthaftigkeit.

Kinder, die es schon kennen, holen nun vollkommen freiwillig ihre Jacke. Anderen helfe ich kurz drauf.

Das funktioniert ca. bei Kindern ab 2,5 Jahren.

Lustig ist es bei älteren Kindern, die das alles schon wissen. Wenn ich zum Finger-/Nasentest komme, eilen manche von ihnen schon vorher ins Hause: „Ich hole ja grade eh meine Jacke!"

Das nenne ich entspannte „Erziehung"... so ganz ohne Ziehen.

Ach, übrigens bin ich immer wieder sehr erstaunt, wie warm mancher Kinder Finger und Nase sind... während ich mich in meine zwei bis drei Jacken wickle. Der Wärmehaushalt eines jeden Menschen ist einfach sehr unterschiedlich.

Mutige Kinder schwimmen nicht mit der Masse mit

Zwei 4-jährige Jungs haben heute ein großes Bewegungsbedürfnis. „Wisst ihr was? Ihr könnt rennen und hüpfen – nicht hier, sondern draußen. Das Wetter ist warm und trocken – geht einfach in den Hausschuhen auf die Steinplatten. Nur auf die Steinplatten!" Nachdem geklärt ist, was genau die Steinplatten sind, rennen die Jungs freudig davon. Vom Fenster aus sehe ich, wie sie sausen. Nach einiger Zeit beobachte ich, dass nun zu den zwei Jungs noch drei Vorschuljungs dazu gekommen sind, die bereits draußen spielten – in Straßenschuhen. Ich beobachte, wie sich alle fünf Jungs in einer Reihe aufstellen für ein Wettrennen auf den Steinplatten. Und schon geht es los! Am Ende der Steinplatten rennen die drei Vorschuljungs in Straßenschuhen auf der nassen Wiese weiter – die beiden Vierjährigen bleiben korrekt am Rand stehen! Was für eine Leistung! Als die beiden nach langer Zeit wieder kommen, sage ich ihnen meine Bewunderung – sie strahlen.

Das ist „Mut" im Sinne der Ermutigungspädagogik: Das sachlich Richtige tun im Wissen, dass „ich so, wie ich bin, gut genug bin" – auch, wenn ich nicht gewinne.

Zutrauen und Selbständigkeit gegen Trotz und Widerstand

Vier junge Mädchen (3 - 4 Jahre) stehen im Büro. „Kann ich ein Angebot[10] machen?" – „Ich auch!" – Alle vier haben ihre Utensilien in der Hand: Püppchen, Perlenketten, Bilderbücher, Playmobil-Pferde. „Was möchtest du machen?" frage ich jedes einzelne Kind: „Ich möchte mit den Ketten Prinz und Prinzessin spielen! Mit einem Kind. Ich gehe in die Stille Ecke". – „Gut. Das passt. Und du?" Mit jedem der Kinder gehe ich sein Angebot durch. Die Plätze im Haus werden knapp. „Für euch beide ist noch der Tisch im Elternkaffee und die Puppenspielecke frei. Passt das?" – „Ich gehe in das Elternkaffee." Nach kurzem ist alles geklärt.

Eine gute Stunde später: Ende der Versammlung, die Angebote werden den Kindergartenkindern vorstellt. Auch jedes Kind stellt sein Angebot vor, jedes sagt, wie viele Kinder es mitnimmt, jedes nennt den Raum. Für jedes Kind melden sich andere Kinder, die mitgehen möchten, auch Vorschulkinder gehen mit. Nach dem schönen Spielen und Bücher-anschauen räumen alle ihre Angebote auf, das klappt nun recht gut!

---

[10] In unseren Telos-Kitas bieten auch Kinder, die dies möchten, ein „Angebot" (gezielte Beschäftigung) an. Das ist Ermutigung pur.

Die Ermutigungspädagogik zeigt: Auch junge Kinder können selbständig ein Angebot auch einem älteren Kind anleiten. Und sich entsprechend vorbereiten. Und sich alles merken. Wir trauen es ihnen zu, bieten den Raum – und schon geht es.

Was kann Ihr Kind schon, was Sie vielleicht gar nicht annehmen? Öffnen Sie den Rahmen, damit Ihr Kind nicht dagegen rennen muss!

Streit alleine gelöst

Freispielzeit im Mehrzweckraum – ein paar Jungs bauen aus Bänken und Decken Höhlen und Lager. Ein Junge sagt zu einem anderen: „Lass das! Du bist vorhin weggegangen – jetzt darfst du nicht mehr mitspielen!" – Der Angesprochene reagiert gelassen: „Ich bin weg gegangen, aber jetzt will ich wieder mitspielen." – „Du darfst nicht mitspielen" sagt der erste noch ruhig. Der zweite: „Ich könnte probieren, ob alle Decken gut halten." – Erster zögerlich: „Hmm…."

Ich bin nicht ganz sicher, ob der momentane Höhlen-Besitzer (Erster) bereit ist für eine weitere gute Diskussion – seine Mimik drückt eine gewisse Abwehr aus - und schalte mich ein: „Klasse! Wie ihr zwei euch zuhört und miteinander redet. Das nennt man Lösungs-orientiert!" Beide schauen mich mit großen Augen an (vielleicht wegen des unbekannten Wortes „lösungs-orientiert", vielleicht aber auch, weil ich ihnen mit meinen ermutigenden Worten vermittle, dass ich ihnen zutraue, das Thema sachlich zu Ende zu diskutieren.) Und tatsächlich gelingt es ihnen (ohne meine Hilfe!), weiterhin sachlich zu reden UND sich gegenseitig zuzuhören. Friedlich. Sie finden eine für sie passende Lösung.

Zutrauen – einmal das passende ermutigende Wort sagen – sich ansonsten raushalten: So einfach ist Ermutigungspädagogik!

Man darf keine Monster sein

Am See spielen vier „mittlere" Kindergarten-Jungs und ein „junges" Kindergartenmädel zusammen an der großen Eiche: Mit Stöcken versuchen sie, das Regenwasser auf den Blättern als Regen auf sich fallen zu lassen. Lange spielen sie, lustig ist es. Nach einiger Zeit höre ich die Kinder „heulen" wie die Wölfe. Sie haben sich ins Gebüsch verzogen. Da höre ich das 3-jährige Mädchen lautstark sagen: „Man darf keine Monster sein!" Als Antwort höre ich weiteres Geheule. Und schon verschwindet das Mädchen zum Klettern zu einer anderen Gruppe Kinder. Die vier 4- und 5-jährigen Jungs heulen weiterhin: „Wir sind Vampire! Und Fledermäuse!" Sie fliegen durchs Gebüsch und über die Wiese. Ein älterer Junge kommt begeistert dazu: „Ich bin auch ein Vampir!" Die 5 Jungs pirschen sich an die Kletterkinder an, heulen in allen Tonhöhen und Variationen. Sie sind begeistert! Das Geheule lockt drei weitere Jungs (lauter „Vampire"!) an – nun muss ich richtig aufpassen, dass ich nicht „gebissen" werde! Die Kletterkinder stehen – welch Glück - unter dem Schutz von meiner Kollegin J. Bestimmt 25 Minuten lang dauert dieses tolle Spiel der acht Jungs!

Wie praktisch ist doch so eine Frei-Spielzeit: Jedes Kind kann seinen Bedürfnissen nachgehen, je nach „Fähigkeiten", je nach Interessen. Das junge Mädchen hat erfahren, dass es selber etwas bewirken kann, als ihm das Monster-Spiel doch ein bisschen zu unheimlich wurde – sein Rückzug war selbstbestimmt und mutig.

Auch das ist Ermutigung: Die Kinder selber spüren lassen, was ihnen guttut. – Unschöne Dinge (Widerstand, in dem Fall „Monster-Geheule") erleben lassen, ohne einzugreifen. - Die Kinder Selbstwirksamkeit (die persönliche Rettung vor der

Monster-Gefahr) erfahren lassen. - Und auch das: Dabei sein, zuschauen, mitfühlen, sich freuen.

Es ist eine Zeit vergangen. Der Baum wächst. Er reckt seine Blätter und Zweige in die Lücken, die der Wald bietet. Er steht fest im Boden verankert mit starken Wurzeln.

Das Menschenkind ist gewachsen. Es entwickelt seine Fertigkeiten und Fähigkeiten in die Bereiche, die ihm erreichbar und verlockend erscheinen. Es ist neugierig, sein Leben lang. Es experimentiert, sein Leben lang. Es erschließt sich (unbewusst) die Welt, bildet sich seine Meinung über sich und die anderen und die Welt. Es macht Erfahrungen und erarbeitet sich (unbewusst) Verhaltensweisen, die ihm helfen, das Leben in seiner persönlichen Art zu leben. Es blickt durch seine persönliche, von ihm gefärbte Brille auf sein Leben und das der anderen und die Gegebenheiten der Welt. Die Farbe der Brillengläser hat es sich selbst gestaltet – von mindestens Zeugung an bis ungefähr ins Alter von 8 bis 10 Jahren. Es kann jederzeit die Farbe seiner Brillengläser ändern, getrübte Gläser austauschen in eine andere Farbe. Dies ist seine persönliche Entscheidung – sein ganzes Leben lang hat es diese persönliche Freiheit: Jede Begebenheit, jedes Erlebnis, jeden Dialog mit seinen „alten" Brillengläsern aus frühen Kindertagen zu betrachten, oder JETZT neue Brillengläser einzusetzen.

Weil es nichts muss, sondern darf, nimmt es gerne die Verlockung, den Anreiz an, das Leben immer wieder neu, immer wieder anders neugierig zu erforschen.

Keine Lust zum Mitmachen

Es ist schon Angebotszeit! Ich hechte vom Büro hinauf ins Spielzimmer. Meine Kollegin hat den Kindern bereits mein Angebot vorgestellt. Nun sitzen „meine" Angebotskinder bereit, um einen Tisch herum, Malerkitteln an. Nur ein Kind trägt keinen Kittel. „Es wollte zu einem anderen Angebot – da war kein Platz mehr" sagt meine Kollegin und geht in ihre Mittagspause. „Auch gut" sage ich und weiß, dass das Kind bei mir einfach dabeisitzt. Ich habe einfach in diesem Moment die Aufsichtspflicht für das Kind. Es muss nichts machen – es darf, wenn es möchte.

Mit den Kindern werde ich heute „Kleben zu Musik" machen, ein stilles Angebot. Doch zunächst bereiten wir unser Papier vor. „Was ist deine Lieblingsfarbe?" frage ich jedes Kind einzeln. „Blau", „silbern" sagt eines nach dem anderen. Jedes bekommt ein Stück Papier seiner Lieblingsfarbe aus der Reste-Box. Als letztes kommt die Reihe an das Kind, das heute nicht möchte. Ich frage es genauso, wie vorher die anderen Kinder: Neugierig, freundlich. In dem optimistischen Wissen, dass ich gleich eine Antwort auf die Lieblingsfarbe bekomme. „Grün" sagt das Kind. So erhält auch es ein grünes Stück Papier. Ich erkläre allen, wie man Papier in kleine Stücke reißt. Mit keinem Wort gehe ich darauf ein, dass das Kind doch nicht mitmachen wollte. Als ein großer Papier-Schnipsel-Haufen in der Mitte liegt, erkläre ich, wie man mit Kleister klebt. „Ach, ich hole noch meinen Kittel" sage ich dann – denn ich ziehe bewusst zu jedem Angebot, bei dem Kinder einen Kittel anziehen sollen, ebenfalls meinen an. Als ich mit Kittel wieder aus dem Nebenzimmer komme, ist das Kind schon dabei, seinen Kittel anzuziehen. Wortlos helfe ich ihm, den Kittel auf rechts zu drehen und anzuziehen. Ohne Kommentar klebt es nun einfach mit. Ich gehe genauso wenig/viel auf dieses Kind ein, wie auf die anderen.

Was habe ich „Ermutigendes" gemacht?

Ich habe akzeptiert, dass das Kind traurig ist, dass es diesmal leider nicht bei seinem Wunsch-Angebot mitkonnte (bei dem sonst zu viele Kinder gewesen wären).

Ich bin davon ausgegangen, dass ich das Kind nicht zum Mitmachen überreden werde.

Ich habe das Kind mit einbezogen und akzeptiert, so wie es gerade ist/war.

Ich war still.

Ich habe Raum gelassen, dass das Kind spüren konnte, ob und wann es selber mitmachen möchte.

Ich wusste, dass das Kind für sich selber richtig entscheiden wird.

Sobald Mama im Haus ist

Als ich von meiner Mittagspause komme, sitzen alle „15.00-Uhr-Kinder" und warten auf ihre Eltern, die sie gleich abholen werden. Auch ein junges Kind. Es hat seine Mama schon durch das Fenster erspäht. Ein weinerlicher Blick zeigt uns deutlich: „Jetzt reicht es. Endlich ist die Krippe aus. Ich will heim." Ich frage, ob ich es schon mal in die Garderobe begleiten darf. „Ja!" Es streckt mir seine Arme entgegen – aha, also müde ist es auch noch. So trage ich es ausnahmsweise hinunter. Schon auf meinem Arm macht es Bell- und Brummgeräusche: Das gebastelte Löwenbild, an dem wir vorbeigehen, wird akustisch dargestellt. Wir sind unten in der Garderobe - und schon erspäht das Kind seine Mama. Ich stelle das Kind auf seine Beine. Jetzt läuft es bestimmt zielgenau zur Mama – denke ich. Pustekuchen! Es lacht die Mama an, dreht sich um und steuert ganz neugierig den Elternwartebereich an. „Nein! Nicht die

Kaffeemaschine!" sagt seine Mama belustigt. Und weiter geht es zum Fundkorb, ins offene Büro, die Treppe hinauf...

Tja, so schnell geht eine Erschöpfung vorbei – sobald Mamas beruhigende und liebevolle Ausstrahlung in Reichweite ist! Gut zu wissen und zu spüren, wie wohltuend Mamas und Papas für die Kinder sind! Gut, wenn wir uns abwechseln, wir Eltern und PädagogInnen, damit wir alle für die neugierigen Kinder dieser Welt viel Kraft haben!

Geschlossene Türen im Kinderhaus

Die Freispielzeit im Kindergarten ist DAS ELEMENT für Kinder, sich sozial zu entwickeln: Was will ich spielen/tun/basteln? Mit wem? Wo? Lasse ich mich unterbrechen? Von wem? Warum? Bleibe ich bei meiner Beschäftigung? Brauche ich Anregungen? Kann ich anleiten und führen (andere Kinder)? Kann ich mich führen lassen (von Kindern)? Und vieles mehr. Dazu brauchen Kinder ZEIT. Um sich in diesen Prozess ganz einlassen zu können.

Selbstverständlich schlafen manche Kinder zu Hause lange. Andere spielen lange zu Hause mit Geschwistern. Oder alleine. Oder haben am frühen Vormittag die Gelegenheit, mit Mama/Papa endlich mal was alleine zu tun. Das tut auch gut.

Sie, liebe Eltern, sind die Fachleute für Ihr Kind: Sie spüren gut, was Ihr Kind braucht. Wir als Fachleute der Pädagogik für die Kinder im großen sozialen Rahmen spüren, was Ihr Kind hier in der Kita braucht. Die gute Mitte dürfen wir gemeinsam finden ☺. Kommen Sie diesbezüglich gerne mit uns ins Gespräch!

Immer gilt: Machen Sie sich und Ihrem Kind keinen Stress wegen der Zeit und der geschlossenen Türe in der Kita! Sie kennen meine Argumentation: Wenn ein Kind gerade dabei ist, alleine zu lernen, wie man die Schuhe anzieht, die Schleife bindet, sein Kinderhaus-Sach alleine herzurichten… dann darf die Kita nicht das störende (entmutigende) Element sein. Auch hier gilt: Die Gradwanderung zwischen „Notwendigkeit der Gegebenheiten" und „Bedürfnis des Kindes" in jedem Augenblick neu abzuwägen.

Dies gilt für so viele Situationen im Alltag mit Kindern.

Das Thema „Grenzen ziehen" gehört auch dazu. Was ist wichtiger: „das Kind in seinem Tempo sich anziehen = Selbständigkeit lernen lassen" oder „das Kind die Erfahrung machen lassen, dass andere Menschen andere Bedürfnisse haben" und dass „insbesondere Zeit leider nicht grenzenlos zur Verfügung steht"?

Tja, es gibt nicht die eine Lösung. Es gibt jederzeit einen neuen Moment mit einer neuen Beziehung zu „meinem" Kind, das jetzt schon wieder ein anderes ist, als noch vor einer Stunde.

Viel Freude beim locker-Bleiben und Abwägen!

Steine zum Glück

Vor dem letzten Sommerfest, also vor gut 10 Monaten (!) haben wir gemeinsam mit den Kindern „Edelsteine" im Sandkasten versteckt. Diese konnten die Kinder zum Sommerfest als Schatzgräber „finden und ausgraben". Bis heute finden immer mal wieder Kinder beim Sandspielen ein Steinchen – dann ist die Freude groß!

Heute hat ein 3-jähriges Kind einen Stein gefunden. Alle Kinder freuen sich mit ihm: „Endlich hat der Fabian auch mal einen Edelstein gefunden!" Stolz trägt Fabian seinen Stein viele Stunden lang beim heutigen Gartentag mit sich herum.

Doch dann plötzlich: „Mein Stein ist weg!" Traurig steht Fabian da. „Komm, ich helfe dir suchen!" sage ich und mache mich mit ihm auf den Weg zum Hügel. Denn sehr genau kann mir das Kind sagen, wo es ihm aus der Hand gerutscht ist. Blöderweise ist der Stein grün... Wir finden ihn nicht.

Andere Kinder sehen uns suchen und kommen hilfreich herbei. Auch ihr Suchen nützt nichts. Fabian ist schon traurig, aber gefasst.

Da fällt Ben, ein:" Ich hole mal meinen Stein aus meinem Rucksack. Mein Stein ist blau." Während Ben in der Garderobe seinen Stein holen will – findet Luca einen blauen Stein. Dass der nicht grün und somit nicht Fabians Stein ist, ist allen sofort klar. „Das ist Bens Stein!", sagen sie. Und schon kommt Ben von drinnen wieder her: „Das könnte mein Stein sein!"

Nun entspinnt sich eine so langwierige Diskussion darüber, ob dieser Stein Ben oder Luca gehört, dass ich mich mittlerweile mal ans Aufräumen der Gartenspielsachen mache.

Nach vielen Minuten kommen zwei angerannt: „Luca hat Ben seinen Stein geklaut!" – „Soll ich kommen?" – „Ja, du musst kommen." Ich mache mich auf den Weg und räume unterwegs noch Sachen auf. Als ich am Hügel ankomme, steht dort immer noch die Traube Kinder. Ben und Luca in gutem Gespräch miteinander. Gerade bekommt Ben den blauen Stein von Luca überreicht. Ich erkundige mich, ob sie die Sache geklärt haben. Luca: „Ja, es war nicht leicht!" Doch geklärt haben sie es. Ich bedanke mich bei den beiden, dass sie die Sache so gut gelöst haben – und mache Luca Mut, dass er bestimmt auch mal wieder einen Stein finden wird. „Ja! Ich bekomme einen zum Geburtstag!!" Das stimmt. Da schenkt der Telos-Geburtstags-Zwerg dem Geburtstagskind meist einen kleinen

Edelstein… Auch Fabian wird einmal wieder einen Edelstein finden.

Schön, wenn die Kinder so selbständig ihre Dinge regeln. Gut, dass noch so viele Gartensachen herumlagen, die ich natürlich dringend erst aufräumen musste…

Waldtag – der Weg ist das Ziel - oder Verkehr und Ermutigung

Gestern war Waldtag. Durch unsere neuen Erkenntnisse - siehe die Anregungen unser Pädagogischen Qualitätsbegleiterin des Landkreises - haben wir es diesmal anders gemacht: Sammeln im Garten - jeder sucht sich "einen Partner, der Hilfe braucht, bzw. von dem ich Hilfe annehmen kann".

Schon hier zeigte sich, dass Freund*innen gerne zusammen gehen. Wir ließen es zu - auch haben wir diesmal nicht darauf geachtet, dass Ältere mit Jüngeren zusammen gehen.

Wir stellten den Spaziergang für uns bewusst unter das Motto "Der Weg ist das Ziel."

Abmarsch links die A.-Straße entlang bis zur Schranke. Allein bis dahin merkten wir:

- Manche Kinder gehen absolut souverän an der Straße: Mit der entsprechenden Aufmerksamkeit.

- Manche Kinder brauchen absolut eine führende Hand - sonst wandern sie mitten in der Straße, hören nicht (trotz Rufen!!), wenn ein Auto kommt, wissen nicht, dass man auf die Seite geht, wenn ein Auto kommt, schubsen sich, auch wenn gerade ein Auto vorbei fährt...

- Und: Wir haben gemerkt, dass das überhaupt nichts mit dem Alter zu tun hat!

In der E.-T.-Straße angekommen konnten die Kinder frei rennen oder langsam gehen, zwischen meiner Kollegin (ganz hinten) und mir (ganz vorne). Dazwischen war unser Praktikantin. Mehr Erwachsene standen diesmal nicht zur Verfügung. Und auch hier merkten wir wieder, wem "Straße" etwas sagt, und für wen dies kein Unterschied ist zum "Garten/Spielplatz...".

Zum Beispiel: Kleine Stehversammlung mitten auf der stillen Straße - Kind: "Was machen wir aber, wenn ein Auto kommt??!" Antwort: "Ich sehe von hier aus ganz weit die Straße entlang - wir gehen rechtzeitig an den Straßenrand."

Oder anderes Beispiel: Einmal kommt tatsächlich ein Auto - trotz Rufen, Deuten, Schreien... einige Kinder mussten von uns Erwachsenen von der Straße an den Rand geschoben werden, weil sie nicht merkten, was los ist.

Unsere Bitte: Bitte helfen Sie uns, dass wir die Wald-/Seetage ungefährdet gestalten können!

Aus meiner eigenen familiären Erfahrung weiß ich, dass Kinder, sobald sie anfangen, selber zu laufen, mit "Straße" sehr sicher umgehen, wenn wir es ihnen zeigen.

"Hier ist die Straße. Hier fahren Autos." Nehmen Sie Ihr Kind behutsam an die Hand. Zeigen Sie auf den Randstein. Zeigen Sie (wenn kein Gehsteig da) bis wie weit in die Mitte sie gehen dürfen. Erklären Sie mit positiven Sätzen, nicht mit Verneinungen. Gehen Sie bewusst aufmerksam, laufen Sie am Straßenrand/Gehsteig.

Kinder sind Nachahmer. Gehen wir "mit anderen Eltern ratschend" vom Parkplatz zum Kinderhaus-Eingang, tun dies die Kinder ebenso. Gehen wir bewusst aufmerksam, das Kind an der Hand, bzw. achtsam vor/hinter uns, überträgt sich diese aufmerkende Haltung auf das Kind.

Natürlich gibt es gerade in Utting auch Straßen, in denen selten ein Auto kommt. Wenn wir Kindern dies kurz erklären, wissen sie den Unterschied.

Nun ja, es gäbe bestimmt noch mehr dazu zu sagen...

Bitte helfen Sie uns, indem Sie Ihr Kind bewusst an "Straße" und "Verkehr" heranführen. Wenige Worte, gezieltes Vormachen.

Gerne verwende ich bei Kindern zurzeit das Wort "merke auf!" oder "sei achtsam!" statt "konzentriere dich!". Fühlt sich für mich gerade besser an: Nicht so einengend und angespannt.

Der Blick zurück – die Ankerhose

Seit einigen Wochen führen wir die Tür- und Angelgespräche beim Abholen über das Thema „wie war der Tag für das Kind in der Kita" mit den Kindern, das heißt: Nahezu ausschließlich mit den Kindern. Dafür nehmen wir uns ausreichend Zeit. Das Kind hat die Möglichkeit, einen Blick zurück zu werfen, nachzuspüren, was schön, was nicht schön war. Themen, die nicht abgeschlossen sind, kann das Kind gedanklich in die Kita, der Pädagogin, abgeben und unbelastet nach Hause gehen. Themen, die nicht fertig sind, können von der Pädagogin notiert werden, Hilfe für sofort oder den nächsten Tag angeboten werden. Wir merken, das kommt bei den Kindern gut an.

Ein schönes Beispiel, das sich über mehrere Tage hingezogen hat: (Meine Kollegin im Gespräch mit einem Jungen) „Wie war dein Tag?" – „Im Garten ist es schön, aber drinnen nicht." – „Warum?" – „Da ist es immer so heiß." – Meine Kollegin verspricht, morgens noch mehr Türen und Fenster aufzumachen, damit es am kühlen Morgen unser Passivhaus abkühlt. Aber auch die nächsten Tage bringen dem Kind keine Erleichterung der Temperatur. So vorgestern: „Im Garten ist es schön, aber drinnen immer noch warm." – Pädagogin: „Es ist im Sommer allen warm. Hast du eine Idee?" – „Ich habe ein Ankerhose und ein kurzes T-Shirt." – Die Pädagogin informiert die Mutter nur kurz, damit sie weiß, um was es geht, wenn das Kind eventuell nach seiner Ankerhose verlangt. Die Mutter wird sich aus der Thematik heraushalten, und sagt: „Das wäre ein Wunder, wenn er die Ankerhose anzieht." Doch tatsächlich, am nächsten Tag kommt das Kind mit der Ankerhose (einer leichten Sommerhose statt seiner sehr warmen Lieblings-Hose). Am Ende des Tages beim Gespräch mit der Pädagogin: „Heute war es richtig gut!" Und zuvor im Mehrzweckraum, als unsere Praktikantin zu ihm sagt: „Heute spielst du so richtig gut hier" sagt das Kind: „Ja, das liegt an meiner Ankerhose!"

So einfach geht es (manchmal ☺), wenn man dem Kind die Zeit gibt, alleine auf die Lösung des Themas zu kommen.

Ermutigungsatmosphäre
Gerade habe ich mich mit zwei Müttern unterhalten - unabhängig voneinander sind wir zum gleichen Thema gekommen: Ist es nicht immer wieder faszinierend, wie sich die Gefühle und Gedanken aller auf alle übertragen? Im Team erleben wir das immer wieder. Wir besprechen ein "schwieriges" Kind, schicken ihm (da wir ein Ermutigungskinderhaus sind) abschließend "gute Gedanken" - am nächsten Tag ist das Kind wie ausgewechselt, von "schwierigem Verhalten" keine Spur. Obwohl das Kind nicht anwesend war, hat es unsere gute Atmosphäre "durch die Luft" geschickt bekommen.

Nutzen wir doch auch als Eltern immer wieder ganz bewusst dieses (manchmal immer noch unbegreifliche) Phänomen: Was mag ich an meinem Kind (trotz "schwierigem/anstrengendem" Verhalten)? Wie fühlt sich meine Liebe zu ihm an? Kann ich dieses gute Gefühl in mir ausdehnen? Kann ich es meinem Kind schicken? Manchmal hilft es, sich dies "im Augenkino" ganz konkret vorzustellen: Als farbige Wolke, als Geschenk-Packerl...

Viel Freude beim Verschicken von "guten Gedanken".

Warum bin ich nur so müde?

Das ist die Frage, die wir dieser Tage immer mal wieder von besorgten (Groß-)Eltern beim Abholen gehört haben: „Warum ist das Kind denn so müde?" Nun, den Kindern geht es wie uns Erwachsenen. In den Ferien war alles entspannt, kein Zeit-Stress, schlafen, wann und wie lange man will, Mama/Papa/die Familie für uns alleine, in den Tag hinein leben... niemand muss sich vor irgendwem behaupten (oder nur vor den bekannten Familien-Mitgliedern☺).

Nun geht es wieder los – der gesamte Organismus muss sich erst mal wieder auf die „Arbeit" einstellen – das dauert. Kita ist für Kinder wie Arbeit für uns. Ich gehe sehr gerne in die Arbeit – und bin trotzdem mal mehr, mal weniger müder bis hin zu geplättet. Das geht uns doch allen so. Und den Kindern eben auch.

Wenn wir dem müden Kind die Möglichkeit bieten, zu Hause entspannt schlafen zu können, sich auszuruhen, mit Mama/Papa alleine (ohne Geschwister) zwischendurch zu kuscheln, mal alleine (ohne Freund*in) ohne Termine und Aktionen im eigenen Zimmer, Haus oder Garten zu spielen, was es möchte – dann stellt sich das Kind und sein gesamter Organismus bald wieder darauf ein, dass es Zeiten der Anspannung (Kita/Arbeit) gibt und Zeiten der Entspannung (zu Hause/Familie).

Missverständnis gut gelöst!

Kaum sind die Ferien vorbei, vergeht kein Tag, an dem nicht mindestens ein Kind ein Angebot selber gestalten will! Was für selbständige Kinder Sie doch haben! Am Mittwoch vereinbart ein Kind mit einer Pädagogin sein Angebot: „Lego-bauen". Alles wird geklärt: Wie viele Kinder, welcher Raum. Nach der Versammlung stellt das Kind sein Angebot vor: „Wasserspiele!". Hä? Aber es wollte doch Lego bauen „So war das nicht vereinbart. Darauf sind wir jetzt nicht vorbereitet. Hast du dein Lego gar nicht dabei?" – „Nein..." – „Mach dein Angebot morgen, wenn du dein Lego dabeihast." Und schon geht es weiter mit der Vorstellung der anderen Angebote. Das Kind fängt zu weinen an. Nun, denke ich, das ist jetzt aber schade. Das Kind war so optimistisch! Schade, dass es seine Sachen vergessen hat. Das Weinen hört und fühlt sich nicht so gut an, recht traurig, gar nicht nach trotzigem Machkampf, wie an manch anderen Tagen. Nachdem meine Kollegin das Kind kurz geröstet hat, geht es wieder. Beim Abholen erfahren wir von der Mutter, dass „Lego" und „Wasserspiele" dasselbe ist! Und dass es sein Lego im Rucksack dabeihatte! Ach herrje!!! Was für ein Missverständnis! „Mach doch dein Angebot am Freitag! Geht das?"

Und das macht das Kind. Wunderbar baut es mit einem anderen Kind mit Bauklötzen für seinen Lego-Hai und Lego-Wassermann.

Das ist das Schöne: Das Kind hat uns und sich das Missverständnis nicht übelgenommen. Wir vom Telos-Team haben sachlich angemessen reagiert, die Mutter hat ruhig und ermutigend reagiert. Das Kind hat das getan, was die Situation erfordert hat. Es ist ein „mutiges" Kind!

Verlässlichkeit – Winken zum Abschied

"Mama, winkst du mir noch?" Diesen Satz kennen wir sehr gut aus der Krippe und aus dem Kindergarten. Diesen Satz sagen die jungen Kinder, die mittleren Kinder - und auch die Vorschulkinder, manche täglich. Danach kommt das jeweilige familiäre Abschiedsritual: Umarmen und drücken; Bussi; Wettrennen; Flug-Bussis... je nachdem. Manchmal kann es dann schon passieren, dass Mutter/Vater draußen stehen und warten, bis das Kind endlich registriert, dass es ja winken wollte! Manchmal passiert auch das Gegenteil: Das Kind will winken, Mama/Papa sind schon in Gedanken versunken und weg ohne Winken ...

Verlässlichkeit ist für Kinder von unschätzbarem Wert. Wenn wir verlässlich sind, "funktioniert" das Leben; spüren die Kinder, dass die Welt "in Ordnung" ist; fühlen die Kinder einen "Halt im Leben".

Nicht immer ist alles verlässlich - weder für die Erwachsenen, noch für die Kinder. Umso wichtiger, dass wir unseren Kindern bei den Dingen, wo es möglich ist, Verlässlichkeit geben: Wir Erwachsene sind diejenigen, die für die Kinder Verantwortung tragen, nicht umgekehrt. So können wir für unsere Kinder doch gerne mal ein paar Minuten im Regen draußen warten, bis unser Kind merkt, dass es doch winken wollte, oder? Demnächst werden wir ein paar Leih-Regenschirme in der Garderobe auslegen☺.

SONNE, REGEN UND NÄHRSTOFFE MACHEN DEN BAUM STARK

Der Baum wächst. Sonne wärmt ihn, Regen und gute Erde nähren ihn. Immer mehr Äste und Ästchen bildet er aus.

Das Menschenkind nimmt dankbar Ermutigung jeder Art an:

- Eine grundsätzliche und jederzeit annehmende Atmosphäre.
- Die Erfahrung, dass das, was es „Unangenehmes", „Unpassendes", „Unsoziales" getan hat, keinen Einfluss hat auf die Liebe seiner Eltern, Geschwister und seiner andere Bezugspersonen. Es wird immer geliebt, egal, was es tut.
- Die Erfahrung, dass es sich in seinem eigenen Tempo entwickeln kann und darf.
- Die Erfahrung, dass es sich für die Bereiche interessieren kann, die ihm persönlich wichtig sind.

- Die Erfahrung, dass es sachlich und liebevoll die nötigen und hilfreichen Grenzen aufgezeigt bekommt, die ihm Sicherheit an Leib und Leben geben und die ihm helfen, die Regeln der Gemeinschaft selbstverständlich und gerne zu lernen. Denn das ist es, was es möchte!
- Die Erfahrung, dass die Menschen um es herum Dinge oder Fähigkeiten, die es noch nicht kann, als „Fehlendes" interpretieren: Als Fehlendes, das sachlich und würdevoll ergänzt werden kann.
- Die Erfahrung, dass es sich aktiv und sachlich in die Belange der Familie, der Kita-Gruppe und der Schulklasse einbringt und seine Beiträge, egal wie perfekt oder unperfekt, wie passend oder unpassend, herzlich willkommen sind und selbstverständlich aufgegriffen werden. Weil die Erwachsenen wissen: Unser Kind will mitwirken! Und das tut es auf die ihm momentan einzige Art und Weise – einzigartig.

Mit Mut durch den Wald!

Waldtag gestern. Wir sind wieder zu unserer „alten" Wald-stelle gewandert. Am kleinen, fast versickerten Bach be-obachte ich einige Kinder zwischen 5 und 6 Jahren, die über den Bach springen: Schön, wie sie die Entfernung abschätzen, Anlauf nehmen, all ihren Mut zusammennehmen – und dann loshüpfen! Macht nichts, dass sich ein Kind einen Stiefelfüller holt. Diesmal nicht – diesmal ist es warm. Ein bisschen später, ein 6-jähriger Bub: „Veronika? Darf ich nochmal den Weg zu-rückgehen, den wir gekommen sind? Vorhin hab' ich ein Schneckenhaus gesehen, das will ich holen!" – Obwohl dies nicht mehr innerhalb der „unsichtbaren Waldgrenze ist" stimme ich zu: „Du kannst so weit gehen, wie du mich noch sehen kannst." Zwei Kinder begleiten. Sie machen sich auf den Weg: Es ist ein sehr schmaler Pfad, recht schlammig, jemand hat ein paar Balken hingeworfen, damit man trockenen Fußes gehen kann; die Balken sind wackelig. Rechts und links wach-sen mannshohe Brennnesseln. Sehr behutsam gehen die Kin-der los, halten ihre Arme bei sich, balancieren gekonnt. Immer wieder drehen sie sich um und prüfen, ob sie mich noch sehen können. Ja, ich bin hier und winke hin und wieder. Dann kommt die Kurve. Weg sind sie. Doch ich ahne, dass sie hinter dem Gestrüpp stehen geblieben sind. Und schon kommen sie wieder: „Hier ist das Schneckenhaus!" – Was für ein Erfolgser-lebnis! Und schon kommen die nächsten Kinder, zwei Jahre jünger: „Darf ich da auch hingehen?" Ja, das dürfen sie, immer grüppchenweise, denn es werden immer mehr. Und: Es ist eine Ausnahme, dass die „unsichtbare Grenze" diesmal über-schritten wird. Das mache ich mit ruhiger Stimme deutlich. Kinder, die einfach so, ohne Fragen, los spurten, „pfeife" ich zurück. Manche gehen bis zur Kurve, manche bleiben ganz in der Nähe – ein Abenteuer ist es für alle. Natur macht Mut möglich! Und Vertrauen.

Vertrauen macht Mut möglich! Und andersherum: Natur macht Vertrauen möglich.

Falsch verstanden?

Was ich beobachte: Ein 3-jähriges Kind möchte im Sand mitspielen. Die älteren Kinder lassen es nicht dabei sein. Das 3-jährige wandert beträppelt weiter – und holt sich ein Bobby Car! Es gesellt sich zu den vielen Kindern, die auf dem Pflaster herum sausen. Doch schon wieder wird es ausgebremst: Hier auf dem Pflaster findet momentan der Fahrzeugtag für die älteren Kinder statt – die jüngeren sollen hinter die kleine Absperrung und können dort mit den Fahrzeugen fahren (da ist aber nicht so viel Platz und außerdem hoppelt es… - dass die jüngeren Kinder später den tollen großen Platz auf dem Pflaster ganz alleine bekommen, ist zwar logisch… aber später ist nicht jetzt!). Das Kind steht schon wieder beträppelt da. Das sagt mir sein Blick: „Nirgendwo bin ich willkommen. Ich mache nichts richtig. Ich will groß sein und man lässt mich nicht. Etwas stimmt nicht (an mir)." Ich gehe zu dem Kind, gehe in die Hocke, streiche ihm über den Rücken: „Na, Lena, jetzt hast du gerade nirgendwo Platz gefunden. Das ist schade. Danke, dass du den älteren Kindern Platz gemacht hast! Wo wirst du denn derweil spielen, bis du am großen Platz zum Fahren dran bist?" Das Kind hört aufmerksam zu und nickt. Es spürt meine Anerkennung und Zuneigung, es hört und versteht meine Erklärung. Seine Augen leuchten wieder und es gesellt sich heiter zu meiner Kollegin, die mit anderen Kindern am kleinen Tisch mit Papier und Stiften werkelt. Gerade nochmal gut gegangen!

So schnell kann es passieren, dass ein Kind, aus einer Kleinigkeit heraus, sich ein falsches Weltbild bastelt! Wer so etwas beobachtet, ist immer dazu aufgerufen, die Situation ermutigend zu gestalten!

Unruhiges Kinderhausleben

Kinderhausleben im September im Kindergarten - acht "neue" Kindergartenkinder (aufgestiegen aus unserer Telos-Krippe) sind dabei, ebenfalls acht "frischgebackene" Vorschulkinder, und die anderen sind auch älter geworden. In der Krippe acht Neulinge, sieben "ältere Krippenkinder".

Huch, was es da für uns Erwachsene alles zu "sehen" gibt: In der Versammlung holen viele Kinder die "Erzählkugel" nicht normal gehend ab, sondern mit sehr extravaganten Schritten und Grimassen. Ein paar Vorschulkinder (noch vor sechs Wochen stille Zuhörer) ratschen und plappern jetzt immer und immer wieder in der Versammlung. Andere reißen sich gierig um Aufräumglocke und Aufräum-Triangel im Garten. Wieder andere nehmen ihre Rolle als Pate so ernst, dass sie die Hand des Jüngeren beim Spaziergang zum See *sehr* fest halten. Ein paar ältere haben die Gartenregeln für das "alleine-im-Garten-sein" vergessen... Und dann gibt es die, die schubsen, hauen und Sand-werfen - um kurz darauf ihr Partnerkind beim Erwachsenen anzuschwärzen: "Der/die hat mir aber...!!". Und die, die lautstark singen, weil es im Zimmer sowieso schon recht laut ist. Oder hopsen, rennen, Regale immer wieder ausräumen, auch wenn sie schon wissen und verstehen, dass dafür jetzt nicht die Zeit ist....

Ja, was ist denn da los?

Sind über die Ferien alle bekannten Regeln und Verhaltensweisen vergessen worden? Nein, bestimmt nicht.

Nur, die Ferien zu Hause, in entspannter Atmosphäre, waren bestimmt schön und erholsam. Da waren auch nur ein oder ein paar (Geschwister-) Kinder. Mama und Papa hatten vielleicht etwas mehr Zeit.

Im Kinderhaus hat jedes Kind plötzlich einen neuen Platz: Die gewohnte Routine ist zwar bekannt, die Rollen jedoch noch nicht verteilt!

Nun gut: Gehen wir in den Schuhen der Kinder, sehen wir mit ihren Augen, fühlen wir mit ihrem Herzen.

Und das drücken die Kinder *womöglich* aus:

"Ich bin ich. Ich spüre mich. Jedoch fühlt sich alles ein Kleines bisschen anders an. Ich bin größer geworden. Die Erwachsenen erwarten mehr von mir. Die Erwachsenen haben etwas weniger Zeit für mich. Der Zeitplan ist wieder eng(er), als in den Ferien. Das fühlt sich angespannt an, eng, unangenehm.

Dagegen will ich etwas machen! Dagegen kann ich etwas machen! Ich bin aktiv: Ich probiere mal aus. Wenn ich "herumhampele...", "haue...", "den andern verpetze...", "mich im Vorraumverstecke...", "mich darum reiße, gaaaanz viel mitzuhelfen..." usw. - werde ich gesehen. Werde ich angesprochen. Wenn auch vielleicht etwas geschimpft - macht nichts. Denn: Ich spüre mich jetzt. Ich spüre mich in einem Rahmen, in einer Grenze. Das gibt mir Halt! An-halten ist gut. Sich anhalten gibt Sicherheit. Das ist gut."

Fazit: Geben wir "unseren" Kindern Sicherheit. Vorab. Mit liebevollen Blicken, die zeigen "Ich sehe dich. Schön, dass du da bist!". Mit Worten, die sagen "Ich mag dich - so wie du bist." Mit Gesten, die ausdrücken "Du als Person bist mir wichtig und lieb - egal, was du tust."

Die Ermutigungsspirale kann beginnen...

Entmutigung ist das, was als Entmutigung ankommt

Versammlung im Kindergarten mit etlichen Krippenkindern dabei. Diesmal leitet (seit längerem wieder zum ersten Mal) ein Vorschulkind (auf eigenen Wunsch) die Versammlung. Es gibt die Erzählkugel weiter und soll in einem kleinen Dialog mit dem Erzählkind sprechen, sich für es interessieren, Fragen stellen, abschließende ermunternde Kommentare geben… Das Vorschulkind braucht noch etwas mehr Übung. Andere Vorschul- „Schlaumeier" schalten sich mehr oder weniger hilfreich ein. Die Versammlung wird etwas unruhig.

Als ein Krippenkind erzählt, plappern einige andere Kinder. Zugegeben, das Krippenkind spricht nicht ganz so laut, aber sehr intensiv! Als es nach kurzem Bericht fertig ist, sagt ein Kind heftig: „Ich hab' dich nicht verstanden!" Andere schließen sich in unwirschem Tonfall an: „Ich auch nicht!!"

So, nun könnte ja theoretisch das Krippenkind enttäuscht reagieren. Oder traurig. Oder aggressiv und ärgerlich. Nicht so dieses Kind.

Direkt schaut es das erste Kind an und sagt klar und deutlich: „Du hast mir nicht zugehört!"

Fertig.

Über die Kinderköpfe hinweg schauen meine Kollegin und ich uns an und müssen grinsen: Was für ein Selbstbewusstsein!

Entmutigung ist das, was als Entmutigung ankommt.

Mandalas – Ermutigung steckt an

Manchmal frage ich mich, wer gerade die Steine ins Wasser geworfen hat, die dann Kreis um Kreis ziehen, sich überschneiden, Mandalas bilden. Schaut sehr schön aus, auf dem Wasser. Heute kamen mir die Kinder vor, als ob jedes von ihnen kleine und größer werdende Kreise um sich zieht. Überschneidungen fanden statt - leider nicht immer harmonisch. Was bewegt die Kinder, dass sie heute so ausladende Kreise gebildet haben? Das Regenwetter? Die Reise zu Oma und Opa morgen? Die momentan stressige Arbeit der Eltern? Die nahe Geburt des Geschwisterchens? Eine kommende ärztliche Behandlung? Ein kommender Umzug? Die Sorge der Eltern um ein Geschwister?

Bestimmt eines davon - oder noch vieles andere - bewegt jedes einzelne Kind. Und uns Erwachsene. Und dann berühren sich die Kreise, treffen sich - Kinder sind sehr feinfühlig.

Auch in Familien gibt es solche Situationen und Tage: Einer steckt den anderen an mit seiner "schlechten" Stimmung.

Wenn wir wenige sind (und keine ganze Kindergartengruppe) und einer von uns bewusst merkt, was gerade passiert, kann es gelingen, den eigenen "Kreis" ganz bewusst mit "guter" Stimmung aufzuladen. Auch das ist ansteckend! Dann überlappen sich die harmonischen Kreise... Viel Freude beim Mandala-"Malen"!

Welches Weinen ist es denn?

Als ich morgens ins Kinderhaus komme und mein Fahrrad abstelle, höre ich aus der Krippentoilette durchs Fenster lautes, herzzerreißendes Weinen. Das hört sich aber arg an, denke ich, und eile ins Haus. Natürlich sind die Kolleginnen bereits dabei, sich zu kümmern. Und zwar so: Bei einer Kollegin ging der Ärger los: Mama hat heute ein falsches Getränk in die Brotzeit mitgegeben. Das Weinen ging sehr schnell los – erklären usw. also zwecklos. Die erste Kollegin teilte dem Kind also mit, dass sie gleich hinter der Krippenzimmertüre ist, die Türe ist angelehnt. Die zweite Kollegin hat nach kurzer Zeit übernommen: Erst in der Kindertoilette etwas hantiert und geräumt. Dann, da das Weinen in der Toilette so laut hallt, den Raum wieder für kurze Zeit verlassen. Luft holen! Atmen. Ohren pausieren lassen. Dann nochmal rein – mit einem neuen Impuls, den ich ihr auf den Weg mitgegeben habe: Tröstend liebhaben. Irgendwie war dann wohl die Anwesenheit meiner Kollegin anders – und das Weinen ausgeweint.

Nun – im Kinderhaus haben wir es gut: Wir sind mehr Erwachsene. 1. Wir können uns abwechseln. 2. Wir spüren mehr „Frequenzen" der kindlichen Aktion. 3. Wir können dementsprechend vielfältig handeln.

Nein – es geht nicht um Verwöhnung. Es geht darum, zu spüren, was das Kind gerade in diesem Moment bewegt – welches Weinen jetzt dran ist: Ärger oder Kummer? Wut oder Angst? Und dann das Ermutigende zu tun, was gerade jetzt diesem Kind hilft.

Tipp: „Teilen" Sie sich in verschiedene Personen auf, wenn Sie Stress mit Ihrem Kind haben. Was würde der Papa jetzt machen? Was die Oma? Was die Erzieherin? Was würde ich machen, wenn ich ausgeruht wäre?...

... die Haut vom Pferd ist ledern

Zurzeit singen wir als Wochenlied im Kindergarten das schöne Faschingslied „Der Leo... pard hat Zähne". Am dritten Tag fragt ein Vorschulkind: „Was heißt eigentlich *ledern*?" So gehen wir gemeinsam dieser Frage nach. Ein anderes Vorschulkinder deutet auf die Sohle seiner Hausschuhe ... wir nähern uns. Diese ist zwar Plastik... „Aber Veronika, deine Schuhe sind aus Leder!" Genau. „Was ist die Haut? Was ist Leder?" – Wir fühlen unsere Menschen-Haut, die ist weich; die Haut vom Pferd ist fester. „Wie kommt eigentlich das Leder her?" fragt ein weiteres Kind. „Ich weiß es: Die werden tot gemacht!" … geschossen… mit dem Beil erschlagen… mit dem Messer aufgeschlitzt… die Kinder kennen sich gut aus! Manche. *Auch* dabei sitzen ein paar mit großen Augen und Ohren!

Was die wohl jetzt denken, frage ich mich. Was kommt bei ihnen an? Und was erzählen sie wohl zu Hause? Haben sie Angst?

Ich fühle mich nebenher kurz in sie ein – fühlt sich gut an. „Interessiert". „Neugierig". Meine Sorge ist unbegründet. Schließlich gehört zu Leder-Schuhen das Leder, zur Wurst das getötete Schwein, zum Leben das Sterben.

Wenn ich dies – als leitende Erwachsene dieser Kinder-Unterhaltung – einfach zur Kenntnis nehme, als ganz natürlich nehme – dann kommt auch diese natürliche Stimmung bei den Kindern an.

Dann ermutige ich Kinder, indem ich ihnen zutraue, die Dinge des Lebens sachlich, normal und natürlich zu erfahren. Dann können sie sich ihre eigenen Gedanken machen… und später (wenn sie weitergedacht haben) mal wieder nachfragen… vielleicht drei Tage später.

STEINSCHLAG IM WALD

Manchmal gibt es ein Unwetter. Dann kommen Steine und Geröll ins Rutschen. Mancher Baum kommt in eine Schieflage...

... und wächst schief weiter.

Das Menschenkind erfährt Entmutigungen vielfältigster Art. Manche entmutigenden Steinschläge sind winzig klein – und kein anderer Mensch, als gerade dieser eine, sieht sie durch seine gefärbte Brille als Stress, als Einengung, als Beschränkung, als Verunsicherung, als Entmutigung an.

Manch andere Entmutigungen von Kindern sind für alle Menschen mehr als selbstverständlich: Die Geburt eines Geschwisters, der Umzug in eine andere Stadt, die neue Tagesmutter, die neue Arbeit der Mutter, die neue zeitliche Bedingungen für das Kind mit sich bringen... sodass wir erstaunt sind, wenn das Kind dies dank seiner persönlich gefärbten Brille NICHT als Stein der Entmutigung interpretiert.

Das Leben geht weiter...

Entmutigung durch Geringes

Wir kennen Ihre Kinder recht gut. Wir wissen, wie sie spielen, mit wem sie befreundet sind, wie sie angesprochen werden wollen, um die Regeln einzuhalten, ... da fällt es uns schon auf, wenn ein Kind sich "anders" verhält: Ein sonst ruhiges Kind schwätzt plötzlich immer wieder in der Versammlung, ein anderes nuschelt seit einiger Zeit, wieder ein anderes wird sehr unruhig und unstet bei seinem Spielverhalten, ... Es sind die "kleinen Dinge", die uns auffallen.

Im Team sprechen wir darüber: "Wie geht es dir mit dem Kind? Erlebst du auch solche Situationen?" Wir überlegen, was anders sein könnte beim Kind, in der Familie. Und plötzlich fällt einer Kollegin ein, was sie so nebenher erzählt bekommen hat. Oder auf dem Flur mitbekommen hat: "Die Mutter arbeitet wieder!" oder "Die Schulwahl ist wohl doch noch unklar" oder "Der Vater ist nun unter der Woche auswärts!" oder "In der Familie ist jemand schwer krank."

Es sind nicht immer nur die "großen" Dinge wie "Stottern", "Einnässen", "Beißen", "Spielen verweigern", die uns auffallen und uns zeigen, dass das Kind *möglicherweise* "entmutigt" ist. Es sind auch nicht nur die "großen" Gegebenheiten im Leben eines Kindes, wie "Geschwistergeburt" und "Umzug", die es verunsichern *können* (nicht müssen! Jedes Kind "entscheidet unbewusst" selber.) Es sind auch die "kleinen" Gegebenheiten.

Und: *Kinder kriegen alles mit!* Nur verstehen tun sie es manchmal nicht genug, wenn wir Erwachsene ihnen nicht genug (kindgemäß; mit Symbolen; ...) erklären, was los ist. Dafür sind wir Erwachsene verantwortlich!

Wüssten wir Telos-Erwachsene früher, was im Umfeld des Kindes vor sich geht, was das Kind bewegt - könnten wir sein plötzlich verändertes Verhalten sehr viel schneller einordnen, möglicherweise als "Verunsicherung" interpretieren. Und somit dem Kind gezielter und schneller helfen.

Sprechen Sie uns gerne an! Wir unterliegen der Schweigepflicht.

Perlen stecken - Motivieren statt entmutigen

Wie motiviere ich ein Kind, das sich einer Aufgabe nicht gewachsen fühlt?

Heute habe ich einem Kind die Aufgabe gegeben, mit dem „Perlen-Rechen" ein Bild nach einer Vorlage zu gestalten. Es hatte zwei Bilder zur Wahl – und nahm das dritte. Auch recht.

Beim Stecken muss man die Vorlage von unten nach oben betrachten und in dieser Richtung die Perlen aufeinander aufbauen. Ins Auge fällt aber das Bild in der Mitte. Dieses wollte das Kind sofort mit den Perlen stecken. Als ich ihm seinen Irrtum aufzeigte, war das Kind irritiert. Eilig erklärte ich, wie es geht und wendete mich den vielen anderen Kinder zu... Und schwupps: Als ich wieder hinsah, waren alle schon gesteckten Perlen wieder ausgeleert. „Fertig!"

Aha, einen klarer Fall von Entmutigung.

Also, sich Zeit nehmen. Daneben setzen. Hoffen, dass die anderen Kinder mich jetzt mal nicht brauchen.

Zeile für Zeile erklärte ich dem Kid, welche Perle man auf der Vorlage betrachtet, welche Perle man in den Perlen-Rechen steckt. Nach und nach verstand das Kind. Aber immer wieder blickte es mich von unten an: „Stimmt das so?"

Natürlich hätte ich gleich mit „ja" oder „nein" antworten können. Dann hätte das Kind gelernt, dass es jemanden braucht, um eine schwierige Aufgabe zu lösen. So sagte ich ruhig: „Schau auf die Vorlage, was sagt die?" oder: „Was meinst du?". Das Kind zählte selber nach, prüfte sein Bild, korrigierte. Fehler entdeckte es nun selbständig (!) und es machte ihm gar nichts aus, falsch aufgesteckte Perlen wieder abzunehmen. Nach und nach gelang es, das Bild schritt fort. So konnte ich öfter mal aufstehen und weggehen, mich den vielen anderen Kindern zuwenden.

Das Kind war sichtlich stolz! Auch noch einige Stunden später.

Was hat es gelernt? Mit dem Perlen-Rechen zu arbeiten. Und vor allem: Eine Aufgabe, die ihm zunächst zu schwer erschien, selbständig zu bearbeiten. Toll!

Ich wünsche Ihnen und Ihrem Kind ein Wochenende mit vielen Möglichkeiten, selbständig zu lernen. Und Ihnen viel Geduld dabei ☺!

Einmischen – oder nicht?

Ich beobachte zwei Gruppen Kinder im Alter zwischen 3 bis 5 Jahren, die im Mehrzweckraum spielen. Die eine Gruppe hat Bänke zu einem Kreis aufgebaut und somit ihr eigenes Revier geschaffen. Dort drinnen halten sie sich auf, unterhalten sich, ruhen... Die andere Gruppe hat die andere große Fläche des ansonsten leeren Mehrzweckraums belegt, indem sie mit Autos auf dem Boden wild herumflitzt. Immer mal wieder fahren die Autos ein paar Mal im Kreis außen auf der und um die Bankreihe der anderen Gruppe herum und sausen dann wieder davon.

Ein Kind aus der Bank-Gruppe fühlt sich gestört und schaut mich hilfesuchend an: „Die ärgern mich!" – Erst ermuntere und bestärke ich das Kind, dass es den anderen Kindern selber sagen soll, dass es das nicht mag. Das tut es... leise, nahezu unhörbar. Nach ein paar Minuten: Gleiche Szene. Ich reagiere ebenso – woraufhin sich das Kind hilfesuchend an eine Praktikantin wendet.

Was läuft hinter der Fassade, also in den 95 % Unbewusstem der Kinder, ab?

Vielleicht das: Das Kreis-Kind sucht Aufmerksamkeit. Die bekommt es verstärkt, indem es zu leise (obwohl es auch anders kann) sein Unbehagen den Auto-Kindern gegenüber äußert, um sich dann ein bisschen weinerlich an die Erwachsenen zu wenden… die dann (hoffentlich) das andere Kind „schimpfen". *Oder* es will einfach in Ruhe in seinem Kreis spielen und nicht immer gestört werden.

Das Auto-Kind … sucht *entweder* Aufmerksamkeit, indem es immer wieder mit dem Auto um den Kreis fährt, vom Kreis-Kind „geschimpft" wird und (vielleicht) von den Erwachsenen in ein klärendes Gespräch verwickelt wird. *Oder* es lässt einfach gerne sein Auto auf diesem tollen Bank-Kreis herumfahren.

Ist es wichtig, das ZIEL zu erkennen?

Ja – um „richtig" (im Sinne für alle) handeln zu können. Um den „helfenden Hebel" an der richtigen Stelle passgenau ansetzen zu können.

Wenn wir den falschen Hebel erwischen, setzen wir aus Versehen eine Spirale in Gang, die „entmutigt", die evtl. weitere und krassere Taten zur Folge haben können (hauen, beißen, schubsen, kreischen, weh tun, zerstören…). Nur von außen betrachtet ist es ganz einfach: Wir ermahnen das störende Kind – und gut. Von innen betrachtet ist es komplizierter: Denn oft tun sich „gegnerische Parteien" unausgesprochen zusammen, um gemeinsam ihre Einzelinteressen bei den

Erwachsenen durchzusetzen (bei Geschwistern, Cousins, Freundes-Gruppen usf. ist es nicht anders…). Es bedarf also einer bewussten pädagogischen Haltung, herauszubekommen, um was es eigentlich geht.

Wie bekomme ich heraus, um welches Ziel es sich handelt?

Ich versetze mich in jedes Kind nacheinander hinein und spüre MICH. Indem ich mich spüre, spüre ich das Kind: Beim Auto-Kind spüre ich Freude, Lust am Auto-Fahren, Neugierde… Also alles gut.

Beim Kreis-Kind spüre ich: „Ach, schon wieder. Schon wieder diese minikleinen Szenen, um Aufmerksamkeit zu bekommen… ein bisschen weinerlich… ein bisschen verzweifelt… aber eben nur ein ganz kleines bisschen, gar nicht schlimm… nervig. Störend."

Das ist in der Ermutigungspädagogik das Zeichen für das sog. „Nahziel: Aufmerksamkeit".

Pädagogisch ermutigend handeln:

Aufmerksamkeit geben – aber nicht an dieser Stelle: Ich gehe weiterhin kaum auf die Kinder ein, löse so knapp wie möglich den kleinen Konflikt, gebe also hier KEINE besondere Aufmerksamkeit – weder dem einen, noch dem anderen Kind. Kurz darauf finde ich eine Möglichkeit, dem Bank-Kind eine kleine Portion Extra-Aufmerksamkeit zu geben: „Oh super – Du hast schon alles wieder so toll aufgeräumt!" Das Kind strahlt.

Ein Gedanke fällt mir dazu ein:

Wenn wir Menschen wollen, die immer andere Erwachsene brauchen, um ihre Konflikte zu lösen – dann müssen wir uns jetzt in ihre kindlichen Konflikte „hilfreich" einmischen – was aber gar nicht hilfreich ist, sondern entmutigend, entmündigend, nicht gleichwertig, nicht-vertrauensvoll.

Wenn wir Menschen wollen, die in Zukunft selbständig denken und kreative Lösungen zur Konfliktlösung finden – dann müssen wir den Kindern vertrauensvoll jetzt die Chance geben, ihre Konflikte selbständig zu lösen.

Der Ur-Schrei auf dem Weg zum Wald

Während die Kinder sich für den Weg zum Wald (Waldtag) in Zweier-Reihe aufstellen, gibt es ein kleines Gerangel. Ein Kind muss ziemlich weinen, irgendwas ist passiert – schlimm ist es jedoch nicht. Trösten reicht. Nur – das Weinen hört nicht mehr auf. Wir gehen los, wir gehen weiter – das Kind weint. Also so: „Mama… - Mama… - Mama…" Mal lauter, mal um weniges leiser. Allmählich wird es anstrengend zum Zuhören. Denn: Weghören gestaltet sich als schwierig – das Kind jammert schon gut hörbar. Wir Erwachsenen versuchen eine kurze Zeit lang die verschiedensten Dinge: Kurz trösten. Ablenken. Späße machen… Ich frage: „Wo ist denn dein Ausschalter?" Das Partner-Kind drückt liebevoll auf die Nase des Kindes – es lächelt kurz. Dann wieder: „Mama… - Mama… - Mama…"

Allmählich wird es nervig! Sehr sogar!! Als wir gerade mal wieder stehen geblieben sind, weil ein Auto vorbeigefahren ist, sage ich sachlich: „Thilo! Schrei mal ganz laut!" – Das Kind schaut mich an – und schreit: „Mama!" – „Gut! Nochmal lauter!" – Es schreit sehr laut: „Mamaaa" – Und noch einmal sage ich ganz normal: „Schrei noch lauter!" – Thilo holt Luft und schreit so laut „Mama", dass wir das Echo vom Wäldchen gegenüber hören! Alle Kinder und Erwachsenen sind ganz still vor lauter Ehrfurcht. Das Kind lächelt befreit und stolz. Ich sage: „Wahnsinn! Du hast aber eine tolle laute Stimme. Ich bin wirklich beeindruckt!"

Fertig. Wir gehen weiter. Thilo plappert mit seinem Nachbarkind und verhält sich so, als ob nichts Besonderes gewesen wäre.

Dass das Kind momentan besondere Aufmerksamkeit brauchte, war uns klar. Welche genau Thilo gerade in diesem Moment brauchte, wussten wir zuerst nicht. Das Schreien war es dann. Außerdem hat das Kind dadurch all seinen aufgestauten Ärger weggeschrien – und die Lunge kräftig durchgepustet. Körper und Seele sind eine Einheit.

Schnell umschalten, bitte

Bei Radio, Spotify, Fernsehen oder diversen YouTube-Filmchen ganz einfach – wenn es mir nicht gefällt, schalte ich um. In der Hoffnung, dass ich dann das Programm finde, das mich momentan anspricht, aufbaut, beruhigt, motiviert... je nachdem, was ich gerade wünsche.

Im Umgang mit Kindern ist das – genauso leicht. Wenn ich es möchte und mich bewusst darauf einstelle. Und das läuft dann so ab:

Ein Kind „ärgert mich" (wie man umgangssprachlich sagt) – also „kein schönes Programm". Alfred Alder, der Begründer der Individualpsychologie und somit „Vater" der Telos-Ermutigungspädagogik, drückt es dem Sinn nach so aus: „Wir haben die Wahl. Ich entscheide." Ich als Mutter/Vater/Pädagog*in entscheide also:

1. Nicht das Kind ärgert mich – ich ärgere mich über das Kind.

2. Ich kann mich – tatsächlich – entscheiden, ob ich mich ärgern *möchte*. (Das funktioniert ☺!)

3. Ich schalte um auf das neue Programm: „Ich ärgere mich nicht über das Kind als solches, sondern über das, *was es tut/ wie es sich verhält*."

4. Durch diese meine bewusste Entscheidung (Programm umschalten) ändere ich MICH in mir, meine innere Einstellung dem Kind gegenüber. Dies spürt das Kind (Kinder spüren alles). Die Situation ist anders geworden – weil ich sie anders gestaltet habe. Weil ich bewusst ein anderes Programm gewählt habe. Und zwar, weil ich genau das, was ich gerade aussende, dann auch empfange: Entspannung (statt mich-durchsetzen auf Biegen und Brechen), Freude (statt Leid, weil alle streiten), normales Einhalten der geltenden Regel (statt autoritäre Unterdrückung der Kinder, die dann wann anders ihre „Macht-Gelüste" ausleben), gemeinsames mutiges Gestalten der Situation (statt alleiniges, dominantes *Er-Ziehungs*-Verhalten).

Konkretes Beispiel gewünscht? Hier zum Beispiel eines dieser Tage: Ein Kind schubst andere Kinder aggressiv im Garten herum, immer wieder. Natürlich ärgere ich mich – zunächst! So ein „freches" Kind! Kennt doch die Regeln!!! Also: Atmen, im Hingehen kurz innerlich innehalten, Raum geben dem neuen Programm, das lautet: „Schon blöd, dass es die anderen Kinder schubst. Es hat wohl was zu sagen. Was ist das wohl? Vielleicht das: Es will mitspielen." Als ich dort bin, bin ich innerlich ruhig und ganz auf Seiten der Kinder. Ich fühle mich in alle Beteiligten ein, finde die richtigen Worte, ein gemeinsames klärendes Gespräch entsteht – und ein paar Minuten später sagen die anderen: „Na klar kannst du mitspielen!" (… fehlt nur der Zusatz: „Sag doch gleich, was du willst.")

Vergessenes Winken

Diese Woche hätte ich sehr viel zu erzählen - eine kleine Begebenheiten:

Ein Kind im Kindergarten weint sehr heftig, weil es selber vergessen hat, seiner Mama zu winken. Diese hatte sehr lange gewartet, ist dann natürlich irgendwann gefahren. Der Ärger des Kindes ist groß! "Warum hat Mama nicht gewunken!!!" Das Weinen schwankt zwischen Ärger und Trauer. Ich versuche, das Kind zu trösten. Es lässt sich nicht trösten. Seine Trauer und sein Ärger sollen wohl noch eine Zeit lang von allen gehört und gesehen werden! So setze ich mich an den Tisch. Von hier aus beobachte ich, wie ein ganz junges Kindergartenkind, das erst seit zwei Tagen "oben" im Kindergarten angekommen ist, sich ganz leise neben das weinende Kind stellt und sehr behutsam dessen Rücken streichelt.... auf und ab. Sehr geduldig. Das ist Empathie! Das ist "gelebte Gemeinschaft". Leider nützt auch dieses liebevolle Streicheln nichts. Aber irgendwann war es dann doch genug geweint.

DER BAUM NIMMT ALLE KRÄFTE ZUSAMMEN –
UND WIRD ZUM EINZELKÄMPFER

Bäume geben nicht so schnell auf! Bäume wachsen weiter so lange es irgendwie geht. Und wenn es noch so schief ist.

Menschenkinder tun dies auch. Egal, wie groß die entmutigende Belastung tatsächlich ist – egal, als wie schwer und erdrückend die entmutigende Verunsicherung vom Kind empfunden wird. Jedenfalls eine lange Zeit...

Jetzt werden die Menschenkinder allerdings zu Einzelkämpfern: Das „Ich" wird wichtig. „Ich muss mich um mich selber kümmern, damit ich den Boden nicht unter den Füssen verliere. Damit ich die Wurzeln im Boden halten kann. Anscheinend ist auf die anderen Menschen nicht mehr automatisch Verlass." Das „denken" entmutigte Kinder „unbewusst".
Sie machen das sehr gut!

Sie passen sehr gut auf sich auf, damit der Baum im Boden verankert bleibt. Sie passen sehr gut auf, dass der Baum eine lange Zeit weiterwächst – die Richtung ist zunächst egal: Hauptsache weiter!

Zunächst machen sie „einfach" auf sich aufmerksam (im Sinne der „vier Nahziele" von Rudolf Dreikurs) … ob negativ oder übertrieben positiv ist egal: Hauptsache gesehen werden! Hauptsache, ein bisschen ermahnt werden, ein kleines bisschen geschimpft werden. Klar… liebevolle und wohlklingende Worte wären das allerschönste…, wenn ich die nicht bekommen kann, dann nehme ich mit den genervten vorlieb.

Tiermusik mit ungezähmten Tieren

Ich mache ein schönes Angebot über „Holz" und „Holzprodukte" mit sieben Kindern. Weil wir noch Zeit haben, wünschen sie sich anschließend „Tiermusik": Je ein Kind wünscht sich ein Tier, ich spiele die entsprechende improvisierte Klaviermusik, die Kinder bewegen sich dazu pantomimisch – sie lieben es! Am Ende jeden Tieres kommen alle wieder her zum Klavier – nur zwei nicht. Nun versuche ich sämtliche Tricks aus der Telos-Ermutigungspädagogik: Ich schaue das Kind leise und aufmerksam an und winke es mit dem Finger her (nicht beide zusammen – jeweils nur eines!). Ich bedanke mich bei den anderen Kindern, die gleich herkommen, dass sie gleich kommen. Ich sage zu Beginn des nächsten Tieres nochmal die Regel. Hmmm – nützt fast nix: Die beiden benutzen sämtliche meiner Ideen als Extra! Ich möchte aber, dass sie einfach so, normal, ohne Extra-Tricks kommen. Denn diese brauchen Zeit und Energie, die von den anderen Kindern und von der Zeit abgeht.

Ich merke, dass ich ärgerlich werden könnte (das ist das Zeichen für mich, dass die beiden Kinder auf sich aufmerksam machen wollen, ja mich vielleicht sogar in einen kleinen Machtkampf verwickeln wollen, also unbewusst.) Heute bin ich gelassen, deshalb werde ich nicht ärgerlich, sondern spüre nur diese kleine Andeutung. Somit habe ich Energie frei, mir etwas Neues einfallen zu lassen.

Und das ist gar nicht so neu, sondern wird mir einfach auf dem Silber-Tablett präsentiert: Es sind die ruhigen, „braven" Kinder, die mich mit großen Augen anblicken und weiter Tiermusik machen wollen. Denen sage ich: „Jetzt habe ich schon so viel probiert. Und immer noch nicht kommen die beiden. Was kann ich denn noch tun? Habt ihr eine Idee?" Na klar, haben sie! „Schick sie aus dem Mehrzweckraum!" – das finde ich nicht gut, weil ich dann meiner Aufsichtsplicht nicht genug nachkommen kann. „Schick sie in die Krippe!!" Das könnte ich machen!

„Bleibt hier sitzen, ich kümmere mich" sage ich und gehe zum ersten der beiden Kinder. Ich gehe auf Augenhöhe, blicke ihm in die Augen, fasse leicht seine Hände – als es sich fallen lassen will, lasse ich die Hände los. Irgendwie gelingt es, dass es doch stehen bleibt und nicht wie ein nasser Sack am Boden herumrutscht. Weil ich es ernsthaft anschaue, bleibt es da und hört mir nun zu: „Es ärgert mich, dass du mein Angebot kaputt machst." (Das Kind grinst – also: ertappt!) „Die anderen Kinder hatten die Idee, dass du in die Krippe gehst." (Das Kind schaut entsetzt.) „Entscheidest du dich fürs Mitmachen oder für die Krippe?" frage ich ernsthaft und ruhig. Es nickt und rutscht zur Kindergruppe am Klavier. Das andere Kind frage ich jetzt ebenso – auch dieses will lieber bleiben.

Und: Es klappt! Natürlich bedanke ich mich nun auch bei ihnen jedes Mal, wenn sie zur richtigen Zeit wieder am Klavier sind.

Das ist Ermutigungspädagogik: Fühlen, was das „störende" Kind sagen will; die Gruppe sachlich einschalten; gleichwertig und sachlich mit wenigen Worten sprechen. Danke sagen, wo es angebracht ist.

Warum ich doch hin und wieder „Fliegen verscheuche" (Rudolf Dreikurs)

Zugegeben: Es war dann doch spät, als wir gestern vom Seetag wieder Richtung Kinderhaus zurückgewandert sind. Das ist in zweierlei Hinsicht ungünstig: Wir haben Zeitdruck (wir wollen die Abholzeit erreichen) und die Kinder sind noch müder, als vorher.

Ich lief neben zweien, die ihre Müdigkeit an ihren Partnern vor und hinter ihnen in der Kinderreihe ausgelassen haben: Mal hier am Rucksack des Vordermannes ziehen, mal mit der Hinterfrau ein paar Worte wechseln und dabei das Tempo drosseln. Einen Stein am Boden aufheben. Mit einem Stöckchen den Vordermann am Rücken stupfen… Immer wieder machte ich sie darauf aufmerksam: „Etwas schneller bitte." – „Schau mal, wie groß die Lücke schon ist." – „Prima, wie dicht du an deinem Vorläufer gehst – genau richtig!" (auch, wenn ich davon nur einen Hauch ahnte…).

Warum ich so viele Fliegen verscheuchte – wie Rudolf Dreikurs sagt, dass wir es vermeiden sollen (unnötigerweise ständig das Verhalten des Kindes ermahnen)? Wegen dieser kurzen Vorgeschichte:

Wir wollen losgehen, schon bei den ersten Schritten läuft dieses Kinderpaar „unrund" (hampeln, komische Schritte machen… der Zug verzögert sich). Ich sage freundlich: „Lauft ordentlich, damit wir rechtzeitig heimkommen. Das Mittagessen wartet." Schon der Blick der Kinder ist – Abwehr. Vier, fünf Schritte gehe ich daneben und beobachte, wie sie weiter herumhampeln. „Ich nehme euch an die Hand", sage ich freundlich. Beide Kinder zeigen mir in einer absoluten Abwehrhaltung ihr deutliches diesbezügliches Missfallen. Entweder, ich ziehe das jetzt durch – das wird aber dauern! Und alle anderen Kinder müssen dann warten! – oder: Ich lasse es bleiben. Es ist ein Abwägen, was schneller geht: Diesen kleinen Machtkampf auf ermutigende Weise ausfechten (z.B. mit Wahlmöglichkeiten oder klarer Ansage mit folgenden klaren Taten), oder eben „"Fliegen verscheuchen". Deshalb habe ich heute Fliegen verscheucht…

Naja, letztendlich sind wir etwas ermattet im Kinderhaus angekommen. Das Essen wartet ja immer, so ein Glück!

JE GRÖSSER DER STEIN – DESTO MEHR KRAFTAUFWAND NÖTIG

Nahziel Macht

"Ich muss es sicherheits-
halber selber machen!"

Bäume haben eine sehr große Kraft, trotz dicker Steine zu wachsen.

Menschenkinder auch.
Denn: Geschieht nichts, lassen sie sich mehr und Wirkungsvolleres einfallen (unbewusst).
Keiner macht den Stein weg. Das spüren die Kinder: Keiner hat die Not des Kindes gesehen. Keiner ahnt, dass das Kind deshalb „anders" ist, weil es einen Stein der Entmutigung auf sich spürt. Einen Stein, der macht, dass es aus seiner inneren Mitte gerutscht ist.

Das fühlt sich nicht gut an. Schwer. Anstrengend. Viel Energie geht dem Kind dadurch verloren, weil es trotz Entmutigungs-Stein wächst, wachsen will.
Irgendwo im Kind ist ein Notstrom-Aggregat: Dieses wird jetzt angezapft. Für Streitereien. Für Machtkämpfe. „Ich

habe recht!" sagt das Kind. „Ich weiß es besser!" kontert es. „Ich will es aber so!" schimpft es.

Und recht hat es ja aus seiner Sicht: Denn es ist nun alleine für sich und seine Sicherheit, sein Überleben verantwortlich. Die lieben Zuwendungen sieht es nicht − wegen des Steins ist es „auf Krawall gebürstet". Machtkampf ist in diesem Moment die einzige ihm mögliche Sprache.

Und: Das, was die Menschenkinder nun in ihrer Not, in ihrer Belastung tun, hat Erfolg! Die erwachsenen Menschen gehen auf das Bedürfnis nach negativer Aufmerksamkeit, nach „Kampf" ein − das ist gut für das Kind − das scheint zumindest gut zu sein für das Kind! Es gibt ihm Sicherheit. Es gibt ihm das Gefühl, gesehen zu werden. Es zeigt ihm, dass seine aktive Art, auf sich aufmerksam zu machen und die Wurzeln fest im Boden zu halten, genau richtig ist − denn sie hat Wirkung! Umso mehr, je heftiger das Kind agiert.

Kinder, die durch ihre Brille eine Situation oder ein Gefühl als stärker entmutigend empfinden, haben das Bedürfnis, das Leben alleine mehr in der Hand haben zu müssen − denn anscheinend tun genau dies die Erwachsenen ja nicht. „Behalte ich also das Heft in der Hand! Sicherheitshalber!" so könnte das entmutigte Menschenkind unbewusst denken. Und das tut es mit aller ihm zur Verfügung stehenden Macht!

Immer wieder diese Machtkämpfe

Das Bedürfnis der Kinder nach „Selber-entscheiden" ist riesengroß! Gleich zwei „angespannte" Situationen dieser Art habe ich dieser Tage erlebt. Ich spürte jeweils sofort den „Wut-Widerhall" des Kindes an meiner eignen plötzlichen Angespanntheit.

Meine Anspannung = das Bedürfnis des Kindes nach „selber!"

Immer, wenn ich diese Koppelung der beiden Gefühle erkenne, gelingt es mir, ruhig und sachlich zu sein.

Die Sache mit dem Malerkittel: Die Kinder hatten in meinem Angebot gemalt. Mit Malerkittel. Ein Kind wollte partout seinen Malerkittel ausziehen, als das Angebot zwar beendet, aber die Malsachen noch nicht aufgeräumt waren. Als das Kind schon beinahe zur Türe entfliehen wollte, sagte ich kurz, leise und bestimmt: „Halt! Bleibe hier." Es blieb. Aber setzte sich nicht wieder. „Möchtest du wissen, warum du den Kittel anlassen sollst?" – Beleidigtes Brummeln. – Ich merkte, dass beim Kind absolut keine Bereitschaft zum Zuhören und Verstehen war. Ein anderes Kind war im gleichen Moment dabei gewesen, seinen Kittel auszuziehen. Diesem erklärte ich nun, warum es wichtig ist, den Kittel anzulassen, bis man das Malzimmer verlässt (Verschmutzungsgefahr durch herumliegende Farben, Pinsel, Wasser, vertropfte Farben... Ich hätte das auch so in den Raum hineinsagen können, wenn kein anderes Kind dagewesen wäre.) Ich sprach so laut, dass das erste Kind mich hören musste. Ich beachtete dieses aber überhaupt nicht mehr. Und nach kurzer Zeit sah ich aus dem Augenwinkel, dass es dabei war, seinen Kittel wieder anzuziehen und sich auf seinen Platz zu setzen. Erst nach ca. drei Minuten nickte ich ihm freundlich und anerkennend zu. Auf den „Beinahe-Machtkampf" ging ich mit keinem Wort mehr ein. Kurz darauf bedankte ich mich bei ihm wie bei allen anderen Kindern auch fürs Mithelfen beim Aufräumen.

Die Sache mit dem Rock: Kurz darauf hörte ich durch die offene Bürotür, dass ein Kind sich nicht für den Garten anziehen möchte. Da ich wusste, dass im Garten Personal nötig war, übernahm ich die Situation, damit die Kollegin hinaus gehen konnte. „Die E. soll mich anziehen!!!" Meine Kollegin E. war bereits im Garten. „E. ist im Garten. Sie ist bei den anderen Kindern. Ich kann dir helfen." Sie ahnen es, wie es weiter geht. Ich bemühte mich, sehr wenig zu reden. Immer, wenn ich mich dem Kind näherte – es saß unter dem Wäscheständer – rutschte es weiter weg. Schließlich wollte es ins nahe Krippenzimmer fliehen. Reflexartig hielt ich es fest und trug es an seinen Garderobenplatz – das hätte ich nicht tun sollen! Es zappelte wie ein Aal! Und schrie in höchsten Tönen. Wenn ich es jetzt losgelassen hätte, wäre es arg hingefallen. Das versuchte ich, dem schreienden Kind zu sagen, was aber nicht ging, da es so laut schrie. Irgendwie konnte ich doch loslassen, ohne dass es sich weh tat. Es floh sofort wieder unter den Wäscheständer. Mist. Jetzt aufhören? Nein! Das Kind soll ja in den Garten![11] Das ist der vorgegebene Rahmen. So fange ich dann doch anders an: Ich suche seine Matschhose. Gehe um die Ecke, sodass ich das Kind wieder sehen kann. „Du hast eine schöne Matschhose." Schreien. Ich betrachte das Kind, sehe ein geblümtes T-Shirt und seinen schönen Rock. „Kann es sein, dass dein schönes T-Shirt gesehen werden soll?" Jaaa! Ich habe die Spur! „Den Rock soll man sehen!" – „Das geht einfach. Komm, ich helfe dir". Das Kind kommt! Es kommt tatsächlich!! „Zieh den Rock aus". Es tut es mit meiner Hilfe. „Und

---

[11] Leider fielen mir in diesem Moment andere gute Tricks nicht ein, wie zum Beispiel die Wahlmöglichkeit… nun, so ist das im Leben von Menschen, die Kinder begleiten, manchmal.

die Hose an… Rock drüber." Es macht mit… und steht nach kurzer Zeit im Garten. Uff.

Warum das immer so schwer ist? Ja, ist es denn schwer? Anstrengend. Ja. Ein bisschen. Bis zu dem Moment, in dem ich einen Zipfel Verständnis für das Kind erhasche.

Beide Kinder wollten selbst bestimmen.

Selber bestimmen können ist wichtig! Wer selber über sich bestimmen will, spürt höchstpersönlich, was ihm guttut. Selber spüren können, was einem gut tut – solche Kinder brauchen wir. Denn diese Kinder werden sehr schnell auch spüren, was *andere* Kinder/Menschen/Tiere/die Natur brauchen. Es werden hilfreiche Menschen sein!

Sobald ich das Kind verstehe, kann ich ihm geben, was es braucht – innerhalb des von mir vorgegebenen Rahmens, im ersten Fall „Kittel anlassen", im zweiten Fall „mit Matschhose in den Garten gehen". Was ich dazu brauche? Zeit. Und Einfühlungsvermögen. Beides wünsche ich allen Menschen, die Kinder begleiten!

Und dann spüre ich auch, dass es mit dem kurzen „Aussteigen aus dem Machtkampf" alleine nicht getan ist. Viel „Ermutigung" ist Not-wenig…

Mittlerweile gibt es im Telos-Kinderhaus längst keine Matschhosen-Pflicht mehr. Dieses und ähnliche Beispiele haben uns überzeugt. Die Kinder spüren nun selber, welche Kleidung sie im Garten tragen… Das funktioniert sehr gut.

So tun als ob

Jedes Kind kann sein Angebot selber wählen. Ich habe also vier Kinder, die gerne mitwollten. Ich zeige ein Bilderbuch mit wenig Text und viel Zeit zum Selber-Nachdenken.

Nach jeder Bilderbuch-Seite frage ich die Kinder, was sie meinen.

Ein Kind sagt nichts. Das bin ich schon gewöhnt von diesem Kind. Nach dem zweiten Mal merke ich jedoch, wie mir ganz plötzlich die Hutschnur platzt! So ein Ärger!!! Das Kind wollte freiwillig mit! Ich habe einen Bildungsauftrag! Es ist doch nicht schwer, eine eigene Idee zu sagen! Ich weiß, dass das Kind das kann!!! Am liebsten würde ich auf den Tisch hauen und sagen: „Mach doch endlich deinen Mund auf!!!"

Ich spüre: Wut. Und dahinter: Macht-Bedürfnis!

Ein bisschen geübt bin ich schon – und es ist nicht mein eigenes Kind (da fällt es manchmal schwerer…): Wer ist wütend? Ich. Wen spiegle ich? Wessen Gefühle spüre ich eigentlich? Die des Kindes[12]. Wer will Macht? Das Kind. Wie kann ich ihm die geben?

Und da fällt mir zum Glück wieder einmal der pädagogische Ermutigungs-Trick ein: „So tun, als ob!"

Beim nächsten Mal, als ich das Kind frage und es wieder *nichts* sagt, sage ich ganz interessiert: „Ja! Das ist eine gute Idee!" Das Kind schaut erstaunt – und schweigt. Ich mache einfach weiter. Beim nächsten Mal sagt es wieder nichts auf meine Frage und ich sage wieder (ganz sachlich – ohne ungutes Gefühl): „Du, das ist wirklich gut!" Weil ich davon ausgehe, dass es eine Idee dazu *hat*! Dass es diese nur jetzt gerade nicht nach außen kommuniziert. Jetzt lächelt es plötzlich ganz heiter, so von innen heraus! Ich nehme dies gelassen zur Kenntnis

---

[12] Selbstverständlich spürte ich auch mein eigenes Gefühl, den Wunsch, dass mein Angebot so ge-*macht* wird, wie ich es geplant hatte. Weil dem so war, ging ich automatisch in Resonanz mit dem Gefühl nach Macht (machen) des Kindes.

und gehe nicht drauf ein. Ich mache einfach sofort weiter mit meinem Buch.

Beim nächsten Mal – macht es mit. Überhaupt redet das Kind nun ganz interessiert, überlegt mit – ist einfach sichtbar aktiv dabei!

Im Nachhinein bin ich selbst fasziniert von dieser Methode. Aber sie darf nicht „fies" sein, sondern im Gefühl der echten Wertschätzung, des Wissens, dass das Kind *eigentlich* mitmacht, nur bisher eben stumm.

Ermutigende Arbeitsteilung

Das ist der Vorteil eines Teams – man kann sich abwechseln. Genau das können Pädagog*innen in einer Kita machen, und genauso Eltern! Oder man weiht eine Nachbarin ein und bittet sie um Hilfe, oder die Mutter des Freundes des Kindes... Genau dann, wenn man mit dem Kind an seine Grenzen kommt. Als professionelle Pädagog*innen haben wir – welch Glück! – die automatische Bremse, dass wir mit den uns anvertrauten Kindern sorgsam umgehen müssen! Das tun wir. Auch, wenn wir manchmal aus der Haut fahren könnten... Auch Eltern gehen mit ihren Kindern sorgsam und liebevoll um – fast immer. In den Situationen, wo sie an ihre persönliche Grenze kommen, kann es dann schon mal passieren, dass... sich die elterliche Wut als lauter Schrei äußert – als herber Schlag der Faust auf den Tisch – als ... Klaps auf den Po?

Wenn es so weit gekommen ist, dass Eltern und Pädagog*innen aus der Haut fahren könnten, ist dies ein Anzeiger für die Wut: des Kindes! Hinter der Wut ist eine Not versteckt: „Warum tun die Eltern nicht so, wie ich will!!!?". „Warum bekomme ich nicht die Sicherheit, die ich brauche?!!!". „Warum haben die Eltern mich nicht genau *so* lieb, wie ich mir das

vorstelle?!!!". So oder so ähnlich fühlen Kinder in ihren unbe-
wussten Gedanken. Wenn wir Erwachsenen nicht schnell genug spüren, dass die Wut sich Bahn bricht, äußerst sie sich
ganz real in unseren Handlungen. Oder wir unterdrücken sie,
was auch nicht gut ist; bekommen Magengeschwüre, Tinnitus
oder ähnliches.

Fazit: 1. Spüren, dass die Wut kommt. 2. Jetzt, wo es noch
geht, sachlich handeln. 3. Wenn es nicht mehr geht: Arbeits-
teilung machen! Im Team in der Kita können wir eine Kollegin
bitten, die Situation frisch und unverbraucht zu lösen: Mit den
Mitteln der Ermutigung. Als Eltern können wir wen anderen
bitten (siehe oben).

Und wozu? Damit das Zusammenleben in Familie und Kita
sachlich und harmonisch so abläuft, dass ALLE sich wohl fühlen, jetzt und in Zukunft.

Ach ja, in der Tat haben wir das letzte Woche wieder einmal
erlebt. Die Namen der Kinder und Erwachsenen sind beliebig
austauschbar – denn: so ist das tägliche Zusammenleben von
Erwachsenen und Kindern.

Lieber nicht verwöhnen? Lieber selber entscheiden!

Alle Kinder ziehen sich in der Garderobe für den Seetag um.
Da sehe ich, wie ein 4-jähriges Kind, das sich eigentlich schon
lange selber anziehen kann, hilfebedürftig unserer lieben
neuen FOS-Praktikantin die Arme entgegenstreckt. Bevor die
Praktikantin noch mehr hilft, greife ich ein: „Du kannst dich
doch schon selber anziehen. Das wusste H. nicht. Mach es nur
alleine" sage ich freundlich. Die Praktikantin H. ermuntert nun
das Kind, ihm zu zeigen, wie es sich alleine anziehen kann, das
Kind bleibt beträppelt stehen. Nun, es gibt noch andere Kinder, die unsere Hilfe tatsächlich brauchen – diese aber nicht

annehmen wollen, weil sie in einem sehr jungen Alter sind, in dem sie es wirklich ganz ALLEINE machen wollen, das braucht also alles seine Zeit ☺ – sodass wir das 4-jährige erst mal alleine stehen lassen. Da steht es noch, als fast alle Kinder schon im Garten warten zum Abmarsch zum See. Ach herrje!

Ich merke schon, dass ich ungeduldig werde! Es ist einfach zu kalt, dass das Kind ohne Jacke geht. Und wir haben auch nicht die Zeit, die Wahlmöglichkeiten (das pädagogische Mittel aus der Ermutigungs-Trick-Kiste, das in diesem Fall wohl helfen würde) durch zu buchstabieren. „Weißt du was, du kommst jetzt einfach so" sage ich einigermaßen ruhig. Schnappe alle Anziehsachen und den Rucksack in die eine Hand, das Kind an die andere Hand. Im Garten lege ich alle Sachen auf den Boden, stelle das Kind daneben ab – und wende mich erst mal anderen Kindern zu. Das Kind steht immer noch, ohne Jacke. Nach kurzer Rücksprache mit meiner Kollegin sind wir uns einig: Das Kind geht mit, dann eben erst mal ohne Jacke, bis wir gleich vorne an der Straße den „Finger- und Nasen-Test" machen werden (der dann hoffentlich für sich sprechen wird). Noch während wir reden, sehe ich, wie das Kind seinen Rucksack schon angezogen hat und gerade dabei ist, darüber seine Jacke zu stülpen. Wunderbar! Thema erledigt.

Was war passiert: In dem Moment, als es uns (dem Telos-Team) gelungen war, den Wind aus den Segeln zu nehmen, in dem Moment, in dem wir die Wind-Richtung spürten und uns klar wurde, dass das Kind etwas selber entscheiden will, in dem Moment, als das Kind den Entscheidungs-FREI-Raum spürte - entschied es sich selber dafür, jetzt wieder wie ein 4-jähriges Kind SELBER auf seine Weise zu tun, was nötig ist. Und in der Tat ist es meistens egal, ob der Rucksack unter der Jacke ist oder über der Jacke…

Es gibt Bäume, die senden giftige Stoffe aus, wenn sie von Insekten angegriffen werden. Zum eigenen Schutz.

Menschenkinder werden wild, aggressiv, laut und zerstörerisch, wenn sie durch ihre persönlich gefärbte Brille das Leben weiterhin als gefährlich einstufen: Gefährlich, wild, aggressiv, laut und zerstörerisch – diese Interpretationen gehen durch diese kindliche entmutigte Brille durch. Alle die lieben und sanften Geste und Worte der Zuneigung und Liebe, der Akzeptanz und der Ermutigung von Seiten der anderen Menschen gehen nicht oder kaum durch.

Obwohl diese da sind.

Sie werden nicht bemerkt. Sie werden falsch verstanden. Sie „dürfen nicht sein", denn sie passen nicht in das momentane Weltbild, in die jetzt gültige Erfahrung des Menschenkindes.

Weil da immer noch dieser belastende Stein ist. Weil die Brille des Kindes immer noch nicht geputzt, weil das Kind nicht ausreichend in seinem So-Sein anerkannt, weil es immer noch nicht genug ermutigt wurde.

Das Menschenkind ist sehr aktiv, wenn es einen Riesenstein der Entmutigung auf sich zu spüren meint (egal, ob dieser wirklich da ist, oder „nur" in seiner persönlichen Wahrnehmung):
Es haut, es beißt, es kratzt, es tut weh.
Es schreit, es wirft mit Schimpfworten um sich, es erniedrigt verbal.
Es macht kaputt, es zerstört.

Es passt dadurch gut auf sich auf!
„Ich muss alles tun, damit meine Wurzeln im Boden bleiben! Und wenn ich dafür alles andere zerstöre. Anscheinend bin ich der/die einzige, der/die sich richtig um mich kümmert. Ich und meine Sicherheit sind das Wichtigste!"

Warum denn werde ich ärgerlich?

Es war viel los am Vormittag! Ich hatte ganz schön zu tun; es geht mir gut – ich mag meinen Beruf.

Dann sind wir alle in der Garderobe. Im Winter haben die Kinder viel zu tun beim Anziehen der Schneeanzüge. Meine Kolleginnen und ich helfen hier und dort. Plötzlich sehe ich, wie ein Kind wie eine Furie auf ein anderes losrennt – mit wildem Gesicht und erhobenen Händen! Das wird gefährlich, denke ich, und spurte dazwischen. Zu spät: Das angegriffene Kind liegt schon am Boden. Zum Glück nix passiert. Nur: Ganz plötzlich bin ICH SEHR wütend. Auf das „angreifende" Kind. Am liebsten will ich es heftig anfassen und schütteln!! HALT: Darf ich nicht. Ist auch gut so. UND: Als Ermutigungspädagogin beachte ich nun sofort zwei Dinge: 1. Ich FÜHLE: Wut. – 2. Ich ordne diese Wut ein in die Entmutigungs-Kategorien - = dritte Ermutigungsstufe = Rache.

Meine Wut bricht in sich zusammen, ohne Schaden anzurichten. Denn ich weiß, dass ich nur deshalb wütend geworden bin, weil das Kind wütend ist. Weil ich beim Thema „Streiten" empfindlich bin, bin ich darauf angesprungen, in Resonanz gegangen. Tätig werden muss ich nun nicht aus der Wut heraus – denn diese ist bei mir nicht mehr da – sondern aus der Ermutigung heraus. Heute so: Wütendes Kind bremsen und sich ausschimpfen lassen. Nachher ihm kurz neutrale Aufmerksamkeit geben, indem ich die Situation sachlich mit sehr wenigen Worten kläre. Noch etwas später dem Kind positive Aufmerksamkeit geben. Das Kind im Garten begeistert darauf ansprechen, wie ausdauernd es Schnee räumt.

NICHTS GEHT MEHR - DER BAUM HÖRT AUF ZU WACHSEN

Nahziel Rückzug

"Ich muss überleben!"

Wenn der Stein übermächtig groß wird, wenn immer wieder Geröll nachrutscht, wenn der Baum immer schiefer gedrückt wird, wenn es kalt wird und sich wie Eis anfühlt... hört er auf zu wachsen. Äußerlich scheint er erfroren zu sein...

Er lebt noch. Es ist noch Saft in ihm. Dafür reicht die Kraft noch. Aber sie reicht nicht mehr, um den Stein und die Geröllmassen und das gefühlte Eis von sich zu drücken.

Nun geht es nur noch ums Überleben.

Und so ist es beim Menschenkind.

Es zieht sich zurück. Es vergisst sich und das Leben. Es wird passiv.

Es schützt sich in seinem innersten Wesen. Vergisst Dinge, die es schon konnte. Vergisst, dass es diese Dinge schon konnte. Es vergisst, dass es liebmeinende Menschen um es herum gibt.

Es versteinert und vereist in sich selbst.

Es gibt Kinder, die von Natur aus etwas weniger aktiv sind: Diese lassen im Falle der Entmutigung die beiden letzten Stufen (Machtkampf und Rache) aus. Sie fallen nach der Suche nach Sicherheit-gebender Aufmerksamkeit unbewusst gleich in diese letzte Stufe: Den Rückzug.

Rückzug am Apfelbaum

Dies ist keine Freitags-Mail. Diesen Text habe ich damals geschrieben, um für mich dieses Erlebnis einordnen zu können.

D. ist 3 Jahre alt und seit knapp zwei Wochen bei uns im Kinderhaus. D. war zuvor in einer anderen Krippe – nun wechselt das Kind zu uns in die Kindergartengruppe (offenes Haus). Die ersten Tage hat es sehr gut geklappt: D. spielt, lässt die Mutter für eine Zeit lang ins Telos-Elternkaffee und auch nach Hause gehen. Gestern war das Kind fast drei Stunden alleine im Kinderhaus – der Seetag am Ammersee hat ihm gut gefallen!

Heute lässt D. die Mutter nicht gehen. Sie soll im Elternkaffee warten. „Bis ich sage, dass du gehen kannst!" Okay. Nach ca. 30 Minuten lässt die Mutter über eine Erzieherin D. fragen, ob sie nun gehen kann. „Nein!" sagt D. lachend. „Mama soll so lange im Elternkaffee bleiben, bis ich sage, dass sie gehen kann." Ich habe das Gefühl, dass D. nun von uns die Sicherheit braucht, dass Mama gehen kann. Und: Dass D. bis jetzt Sicherheit durch seine „Macht" hat.

Ich habe einen guten Draht zu D. Nach einiger Zeit sage ich: „Weißt du was? Deine Mama will zu Hause etwas arbeiten. Wenn sie das vormittags erledigen kann, hat sie nachmittags Zeit für euch Kinder. Soll sie vor unserem kleinen Apfelfest gehen, oder gleich danach?" D. nickt: „Gleich danach. So machen wir's?!" Ja, so machen wir's. Wir erklären es der Mama. D. kommt gerne mit mir in den Garten und feiert das Apfelfest aufmerksam mit. Als das Fest sich auflöst, weil nicht alle Kinder gleichzeitig den neuen Apfelbaum einpflanzen können, sage ich zu D., dass das Fest jetzt fertig ist und die Mama jetzt heimgeschickt werden kann. „Willst du sie heimschicken, oder ich?" – D. zögert. Dann: „Ich!" Ich begleite das Kind zur Türe und höre, wie D. seiner Mama anfängt, etwas zu sagen. Das Kind bringt es nicht über die Lippen, zu sagen, dass jetzt Zeit ist für sie zu gehen. (Denn es ist nicht das, was D. will.) Sie versteht jedoch, dass das Fest zu Ende ist und sagt, dass sie beide ja eine Vereinbarung getroffen haben. Sie verabschiedet sich schnell und liebevoll. D. liegt am Boden, leicht weinend. Ich trage das Kind liebevoll in den Garten. Dort stelle ich es ab. D. weint nur ganz kurz. Dann steht D. da – und schließt die Augen. Und lässt sie circa 20 Minuten zu!

Ich stehe neben dem Kind, den Arm liebevoll um es gelegt. Ich atme ruhig. Ich beobachte, wie D. seine Körperfunktionen zurückfährt und sich „verinnerlicht". Rotz läuft aus seiner Nase, Spucke aus seinem Mund. Es sieht aus, als ob D. im Stehen schläft. Andere Kinder, die etwas brauchen, kommen zu mir. Ich antworte nur kurz, um mit meiner Aufmerksamkeit ganz bei D. sein zu können. Neue Kinder kommen und fragen, was D. macht. „Er nimmt Abschied von seiner Mama." Aha. Meine Kolleginnen beobachten mich aufmerksam – ich spüre, dass sie mich jederzeit tatkräftig unterstützen würden; ich spüre ihre uns zugewandte positive Aufmerksamkeit.

Ich spüre in D. hinein. Ist es Trotz und Macht? Nein. Was ich spüre, ist Traurigkeit. D. zieht sich in sich zurück… Was D. wohl braucht, ist seine Mutter. Ich bin auch eine Mutter. Ich gehe bewusst in die Rolle „Mutter". Ich breite ein Gefühl von „Mutterliebe" aus, in das ich D. und mich „einwickle". Ich fühle uns eingemümmelt in einer Blase aus Liebe. Nach circa 10 Minuten wird es mir zu heiß in der Sonne. Ich sage: „D., ich trage dich in den Schatten und nehme dich auf den Schoß." Als ich das Kind trage, merke ich, dass es nicht schläft, aber sehr entspannt ist. Sein Kopf wackelt fast wie im Schlaf. Ich sitze nun mit D. auf der Bank, halte das Kind liebevoll auf dem Schoß. Nach weiteren circa 10 Minuten spüre ich, dass sich nun etwas ändern muss. Ich sage leise: „D! Ich spüre eine große Traurigkeit in dir. Habe ich recht?" Es dauert lange, dann nickt D. ganz leicht. „Jetzt ist es genug mit der Traurigkeit. Wir schicken sie nun weg, ja?" Wieder nickt D. ganz behutsam. „Wir schicken sie zum Ammersee!" Mein Ton wird fester, wacher, energievoller. „Ich bin mir gar nicht sicher, ob die Traurigkeit schwimmen kann, was meinst du?" D. lächelt ganz zart. „Ah – ich weiß" spreche ich weiter, „sie hat wohl ein Segelschiff. Oder einen Schwimmreifen!! Oder Schwimmflügel! Sie schwimmt jetzt auf dem Ammersee! Die Traurigkeit kann wieder kommen, wenn du sie wieder brauchst." Wieder nickt D.

Dann stelle ich D. – mit geschlossenen Augen – auf den Boden. „Jetzt gehen wir zum Apfelbaum. Bestimmt brauchen die Kinder dort noch Hilfe!" D. geht an meiner Hand mit geschlossenen Augen zum Apfelbaum. Ich bewundere die dort schon getane Arbeit. „Mensch, wart ihr schon fleißig!" Die Kinder zeigen mir jubelnd einen ganz dicken Regenwurm. „Der tanzt!" Und noch ein ganz kleines Würmchen, das auch tanzt. Ich bemerke, dass D. seine Augen einen winzigen Schlitz öffnet. Immer noch ist D. an meiner Hand. Als D.s Augen ganz offen sind, lösen sich unsere Hände automatisch. Noch eine kurze Zeit stehe ich neben dem Kind, dann ziehe ich mich zurück. Meine Kollegin sorgt nun liebevoll und aufmerksam dafür, dass D. einen Kinderspaten bekommt und nun die ganze restliche Zeit still, aufmerksam und voller Eifer beim Loch-Graben und Baum-Einbuddeln hilft.

Vor 21 Jahren habe ich ein Kind erlebt, das in der Eingewöhnungszeit über seiner Brotzeit eingeschlafen ist – voller Abschiedsschmerz. Ist es bei D. auch „Rückzug" gewesen? Oder ein halb bewusster Akt des Sich-Zurückziehens? Weil das Kind der Mutter gegenüber sein Bedürfnis nach „selber bestimmen

= sinnvolle Macht haben" nicht erreichen konnte? Darüber darf nachgedacht und nachgespürt werden[13].

1+1 = Zeitlosigkeit und Verständnis
Zeitliche Gratwanderung – wieviel Zeit kann man einem Kind lassen?

Ich plädiere ja gerne dafür, sich nach der kindlichen Geschwindigkeit zu richten, dem Kind, das ganz im „Hier und jetzt" aufgeht, zu folgen... aber wo ist die Grenze? Eltern haben ja auch noch andere Aufgaben.

Dieser Tage mittags im Garten: Alle Kinder gehen ins Haus zum Mittagessen, bzw. auf die „ein-Uhr-Kinder-Bank". Nur ein Kind nicht. Es hantiert mit seinen Handschuhen, seinem Schlitten... nach gefühlten Stunden steht es endlich im Haus. Ich schwanke zwischen Wut (= Nahziel 2, Machtkampf = Hilferuf des Kindes) und Hilflosigkeit (= Nahziel 4, Rückzug = stärkerer Hilferuf, entsprechen der „Nahziele..." von Rudolf Dreikurs), gehe also in Resonanz mit dem Kind.

Nun habe ich ein hilfloses Kind vor mir – warum auch immer, und Wut im Bauch, weil ich heim will und muss, weil das Kind nach oben soll zum Mittagessen, wo die anderen Kinder schon längst dabei sind, sich das Essen in den Teller zu schöpfen...

Ich vereinbare mit meinen Kolleginnen, dass sie sich kümmern, weil ich jetzt heim gehe. Doch als ich am Kind vorbei gehe und mich verabschiede, fragt es: „Wo gehst du hin??!!" Es hört sich fast als Hilferuf an. Also: Erst mal dableiben und selber kümmern. Ich frage: „Warum ziehst du denn deine

---

[13] Manchmal ist „Kindergärtnerin sein" so ähnlich, wie „Therapeutin sein". Gut ist es, wenn wir jemanden haben, der uns dabei fachlich kompetent unterstützt: Das kompetente Team oder eine Supervisor*in zum Beispiel.

Schuhe nicht aus?"… Nach einigem Hin und Her mit den Wahlmöglichkeiten hat das Kind die Schuhe aus, den Schneeanzug aber nicht. Schließlich übernimmt meine Kollegin, weil ich nun wirklich zu meiner eigenen Familie muss. Als das Kind merkt, dass es sein Lieblingsessen gibt, lässt es sich schließlich doch ausziehen, hilft sogar ein bisschen mit.

Warum das Kind in Not war, erschließt sich uns erst am abendlichen Team ein paar Tage später: Das Kind hatte am Vortag beim Mittagessen ein anderes Kind mit der Gabel gepikst… Es hatte vielleicht Sorge, dafür noch einen Tag später gemaßregelt zu werden.

Hätten wir früher die Puzzleteile zusammengefügt, hätten wir möglicherweise schneller ermutigend eingreifen können. Sie, als Eltern, sind (meist) nur zwei Personen, die mit Ihrem Kind zu tun haben – zählen Sie schnell „eins und eins" zusammen, erfassen Sie die mögliche Verunsicherung Ihres Kindes – dann können Sie dem Kind schnell ermutigend helfen. Dann können Sie die „Zeitlosigkeit" des Kindes nachfühlen und verstehen. Dann können Sie Ihrem eigenen gegebenen Zeitdruck und der Zeitlosigkeit des Kindes gleichermaßen gerecht werden.

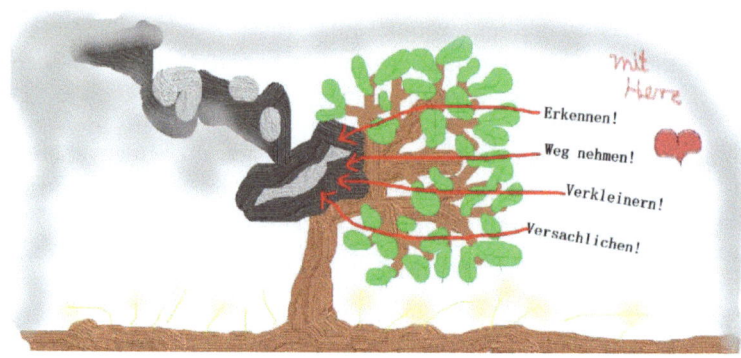

Waldarbeiterinnen und Waldarbeiter entfernen Geröll und Steine von jungen Setzlingen. Das tut gut! Was für eine Befreiung! Der Baum atmet auf. Nach und nach reckt er sich wieder nach oben und streckt sich der Sonne entgegen…

Menschenkinder lechzen danach, dass die Belastung aufhört.

Menschenkinder kennen meist den Grund der Belastung nicht. Sie fühlen sich nur bedrängt bis hin zu bedroht – und atmen erleichtert auf, wenn diese Bedrängnis und Bedrohung weg sind.

Dazu ist es Not-wendig, dass die Erwachsenen <u>erkennen</u>, welcher Art der Entmutigung-Stein ist. Um die Steine wegnehmen oder verkleinern oder versachlichen zu können.

Wenn wir uns einfühlen in ein Kind, wenn wir einen Moment lang ganz dieses Kind werden, ahnen wir meistens den Grund der Entmutigung, den Grund der Belastung.

Ist die Belastung durch Verunsicherung entstanden? Oder durch zu wenig Information? Braucht das Kind Kenntnis, Sicherheit? Ist eine bestimmte Situation oder Veränderung seiner Umwelt die Belastung? Oder ist es ein uns unbekannter Grund?

Manche Belastung ist leicht <u>wegzunehmen</u>: Dinge, die nur die Eltern wissen („„ weil das Kind das doch sowieso nicht hört", „... nicht versteht", „... nicht mitbekommt"), Sachverhalte, die die Eltern betreffen und bei diesen mit Emotion belegt sind, bekommen die Kinder immer mit. Gefühlsmäßig. Und weil die Kinder nichts wissen, sind sie auf sich selber angewiesen: Sie erklären sich diese anderen Gefühle der Eltern auf ihre Weise, mit Hilfe der Dinge, die sie in ihrem kurzen Leben schon erfahren haben.

Beispielsweise: Das Kind erlebt *die Eltern reden so heftig*. Realer Grund ist: Weil sie aufgeregt überlegen, wie der 4-wöchige Arbeitsaufenthalt des Vaters familiär organisiert werden kann. Dem Kind kommen folgende Gedanken: Müssen wir aus unserer Wohnung heraus? Ist jemand krank? Habe ich etwas falsch gemacht? Streiten Mama und Papa? Unzählig viele andere Varianten kann sich das Kind aus den wenigen Wortfetzen und übermächtigen Gefühlen, die es aufschnappt, zusammenbasteln.

Belastung wegnehmen: Papa muss für 4 Wochen nach Amerika. Wegen der Arbeit. Amerika ist weit weg – da fliegt er mit dem Flugzeug. Jeden Tag können wir einmal telefonieren/Video-Call machen. Hier (Kalender zeigen!) kommt er wieder. Steine, die entfernt werden können, werden einfach weggenommen. Das Kind findet nach und nach seine Sicherheit wieder.

Manche Belastung kann man <u>versachlichen</u>: Wenn sie wüssten, was „dieses seltsame Gefühl" (zum Beispiel *Mutters Aufregung über die neue Arbeitsstelle*, die sie in Kürze antreten wird) auslöst, können sie es einordnen. Die neue Arbeitsstelle der Mutter – kann man gemeinsam anschauen.

Manche Belastung kann man <u>verkleinern</u>: Die Eltern machen sich beispielsweise Sorgen über die *kranke Oma*. Das Kind spürt nur diese seltsame Emotion, die sich nicht gut anfühlt. Weil Kinder alles fühlen, ist es Not-wenig, dem Kind zu sagen, was los ist. „Oma ist krank. Sie ist im Krankenhaus. Ich mache mir ein bisschen Sorgen. Und ich weiß, dass sich Ärztinnen um die Oma gut kümmern. Am Wochenende besuchen wir sie."

Dass die Oma krank ist, kann man dem Kind sagen.

Das neue *junge Geschwisterbaby* kann man nicht entfernen, man kann die Belastung verkleinern; Eltern können Verständnis äußern für die gefühlte Weniger-Beachtung des älteren Geschwisters – meist hilft es, wenn das ältere Geschwister hört: „Ja, manchmal ist unser Baby sehr anstrengend. Ich hab' dich lieb – und das Baby auch." Die von „höchster Stelle" (den Eltern) genehmigte Erlaubnis, dieses süße putzige Baby – das die ganze Zeit schreit und dauernd die Mama in Beschlag nimmt!!! – auch mal weg haben zu wollen, auch mal nicht 100%ig lieb haben zu müssen, bringt ein sehr großes Gefühl der Erleichterung für das entmutigte Kind mit sich[14].

---

[14] Mehr dazu in meinem Buch „Wir bekommen ein Baby! Und wo bleibe ich?"

Tolle Leistung

Ein Kind schiebt ein Bobby-Car durch den Garten. Ich bemerke Isa, als sie Anlauf auf die Schaukel nimmt, wo zwei Kinder hoch schaukeln. "Halt, Isa!!!"schreie ich und spurte los in dem Wissen, dass ich Isa nicht mehr erreichen werde, bevor sie von der Schaukel getroffen wird. Zwei Dinge passieren: Isa zielt mit ihrem Bobby-Car haargenau zwischen Schaukel und Pfosten durch. Und das eine schaukelnde Kind legt eine absolute Schaukel-Vollbremsung hin. Tolle Leistung - von beiden!! Vor lauter Schreck habe ich vergessen, Isa zu sagen, dass sie gut zielen und die Bewegung der Schaukel gut einschätzen kann. Ich habe ihr eine kurze Bobby-Car-Pause auferlegt (denn sie hat die ihr bekannte Regel - von der schaukelnden Schaukel fern bleiben - gerade zum 3. Mal nicht eingehalten) und sie zum Sand-Spielen eingeladen. Beim Schaukel-Kind habe ich mich herzlich bedankt. Vielleicht sollten wir mit Isa demnächst spannende (und ungefährliche) Ziel-Übungen machen, denn das scheint sie gerade sehr zu interessieren ☺!

Spaziergang durch den Garten

Es ist Gartenzeit. Ich bemerke das 3-jährige Kind, als es mit einem Stock auf unsere Hainbuchen-Hecke eindrischt. „Ach herrje" denke ich "früher hätte ich es davon abgehalten… naja, die Buche wird es schon aushalten". Dann läuft es weiter durch den Garten und kommt an einer Gruppe älterer Kinder vorbei – die faucht es an und fuchtelt ihnen mit seinem Stock vor den Augen herum. „Oh!" denke ich „hoffentlich passiert nichts! Naja, die Kinder sind ja mittlerweile geübt im Umgang mit Stöcken." Das Kind wandert weiter… nach einiger Zeit sehe ich es ganz hinten im kleinen Häuschen. Da ist heute gesperrt, wegen Gefahr abstürzender Äste bei dem Sturm. Ich eile hin: „Heute ist hier gesperrt!" Ich erkläre, warum. „Komm!" Das Kind schaut mich nachdenklich an: „Es ist doch ein Dach hier!" – „Schon. Aber die Äste könnten das Dach durchbrechen. Komm!" sage ich und halte ihm die Hand hin. Es will nicht. „Kletterst du über dieses Brett (das den Eingang versperrt) oder drunter durch?" sage ich freundlich. „Drüber." Gemeinsam wandern wir in Richtung Haus zurück. Nach einer Weile sieht meine Kollegin, dass es nun mit seinem Stock im Beet steht und auf ein kleines Johannisbeer-Bäumchen eindrischt. „Das geht nicht!" sagt meine Kollegin. „Da wachsen ja keine Beeren mehr!" Sie eilt hin – wird aber durch einen Tröstungs-Notfall durch ein anderes Kind abgelenkt. Also gehe ich wieder hin. Freundlich sage ich: „Wenn du da drauf haust, wachsen im Sommer keine Johannisbeeren mehr. Kannst du dich erinnern, wie die schmecken?" Das Kind denkt nach und schaut sich um: „Hier wachsen dann auch keine mehr" sagt es und deutet auf das zweite Bäumchen. Es hat verstanden und geht aus dem Beet hinaus.

Die Frage der Telos®-Ermutigungspädagogik ist: Wie viel muss/soll ich ein Kind ein-, oder vielmehr aus-bremsen? Wo ist die notwendige und nötige Grenze?

Gesundheit an Leib und Leben hat immer Vorrang – so war es im hinteren Häuschen. Die Augen der anderen Kinder... da konnte ich auf meine Erfahrung mit all diesen Kindern vertrauen, und auf ihre Erfahrung im Umgang mit Stöcken. Die Buchenhecke: Ich habe schon viel gelernt, Bäume sind doch recht stabil... Das Johannisbeer-Bäumchen: Zum Glück hat sich das Kind an die leckeren Beeren erinnert!

Gut, dass ich nicht zu viele Grenzen gegeben habe, so konnte es die wirklich nötigen Grenzen gerne akzeptieren![15]

---

[15] Denn mit Grenzen ist es ja auch so: Wenn wir sie einmal benennen, müssen sie auch eingehalten werden. Sonst machen wir uns unehrlich...

Ich will auch ein Angebot machen!

Heute bin ich am Morgen die erste Erwachsene, die mit den Kindergartenkindern ins Spielzimmer geht. Als mich das erste Kind – wartend im Krippenzimmer, bis ich endlich vom unerwarteten Telefonat komme – erblickt, ruft es schon „Ich mach' heute ein Angebot!". „Ich auch!" „Ich auch!" hallt es mir entgegen. „Jetzt gehen wir erst mal hinauf" sage ich. Denn ich muss darüber nachdenken: Wir haben seit ein paar Wochen die Regel eingeführt, dass immer nur zwei Kinder ein Angebot machen können (damit wir den Überblick haben und die Kinder die Angebote etwas zielgerichteter machen)[16]. Das erste Kind heute war einfach sehr schnell und laut mit seiner Anmeldung… für die anderen Kinder, die halt etwas stiller und einen Hauch langsamer sind, wäre das doch ungerecht… Oben angekommen versammeln wir uns um den runden Tisch. „Wer möchte ein Angebot machen?" Vier melden sich, ein fünftes kommt hinterhergerannt: „Ich will auch ein Angebot machen!" – „Wie viele Kinder können immer ein Angebot machen?" – „Zwei" – „Das bin ich also!" sagt das aller-erste. Darauf gehe ich jetzt nicht ein. – „Wisst ihr, warum immer nur zwei Kinder ein Angebot machen können?" – Ja, das wissen sie. – „Heute sind wir weniger Erwachsene. Meint ihr, es ist möglich, dass wir mehr als zwei Kinder-Angebote machen und ihr die so macht, dass es super klappt? Ihr passt gut auf eure Angebotskinder auf. Ihr räumt nachher wieder auf." – „Ja, das können wir!!" Nur ein Kind entscheidet sich, lieber doch kein Angebot zu machen. So notiere ich nacheinander alle vier

---

[16] Das hat sich nun längst geändert! Mittlerweile machen alle Kinder die eine „Angebots-Urkunde" gemacht haben, ein Angebot. Oft sind es wirklich viele, die sich souverän kümmern und alles selbständig organisieren und auch wieder aufräumen. Und auch auf die ihnen anvertrauten Kinder gut eingehen.

Angebote ins Buch, auch die Plätze verteilen die Kinder fast selbständig.

Und wie hat es geklappt? Super! Alle Kinder haben ihre Angebote freudig und souverän angeleitet und durchgeführt und am Ende wieder alles aufgeräumt. Soeben habe ich mich bei allen vieren bedankt.

Das ist dann also mal wieder so eine individuelle, biegsame Regel gewesen, wie sie in der Ermutigungspädagogik durchaus üblich ist. Die gemeinsame, ermutigende Absprache zeichnet sie aus.

Zu jung sein?

Versammlung im Kindergarten mit über 20 Kindergartenkindern und einer Handvoll Krippenkindern, die heute dazu Lust haben. Dabei ist auch unser jüngstes Krippenkind. Es hat heute einen super tollen Begleiter und Beschützer: ein Kindergartenkind. Als das junge Krippenkind auf die Bank (ohne Lehne) krabbelt, hält er schon schützend seinen Arm hin. Ich zeige ihm, wie er nun mit seinem Arm eine Art Lehne für das junge Kind halten kann. Sehr sorgsam macht er das! Nur, das junge Kind hat kein Sitzfleisch. Kaum hat die Versammlung mit dem Stille-hören begonnen, rutscht es schon wieder von seiner Bank herunter und läuft im Kreis herum. Die anderen Kinder lächeln und lachen.

Eigentlich sehr nett... aber... Eigentlich auch sehr störend!!!

Da ich heute erst zur Versammlung zu den Kindern gekommen bin, weil ich bis dahin im Büro war, habe ich noch kein so rechtes Gespür für die Kinderschar. Ich schaue also suchend, wie sich meine Kolleginnen verhalten. Sie lassen das ganz junge Kind gewähren. Also, dann wird das wohl so seine Richtigkeit haben.

Die Versammlung geht weiter. Mal geht das junge Kind im Kreis herum, mal klettert es mühsam die Bank hinauf, mal will es zu seiner großen Schwester, mal sitzt es auf seinem eigentlichen Platz. Ehrlich gesagt, mich (die ich heute die Versammlung leite) nervt es jetzt schon zunehmend mehr.

Ist eigentlich ein junges Kind zu jung, um einige Zeit ruhig auf einem einmal gewählten Platz sitzen zu können?

Wann beginnt der Zeitpunkt, ab dem man fordert (fordern darf?) eine bestimmte Regel einzuhalten? Irgendwann geht es mal los damit.

Ich beschließe, dass genau heute und jetzt der Tag ist, an dem es losgeht. Ich gehe hin zum jungen Kind, gehe in die Hocke, berühre es leicht am Arm, schaue ihm direkt und freundlich in die Augen. So, dass es merkt, jetzt kommt was Wichtiges! Es schaut mich mit großen Augen an, als ich sage „Bleibe sitzen. Jetzt ist Versammlung." Während es sich setzt, schaut es mich immer wieder an – ich schaue aufmerksam und freundlich zurück und nicke. Das Kind bleibt den Rest der Versammlung sitzen.

Es geht einfach immer viel schneller mit dem Groß-Werden, als gedacht. Da müssen wir jeden Moment ganz schön aufpassen, wir Erwachsenen, dass wir nicht versäumen, die Regel einzufordern, bzw. eine nun mögliche Erlaubnis auszusprechen, BEVOR unser Kind selber gemerkt hat, dass es reifer geworden ist! Bei ersterem (Regel nicht einfordern, wie „Schuhe alleine anziehen", „leise sein, wenn Eltern telefonieren", „Brot selber streichen", „Zimmer alleine aufräumen", ...) droht Verwöhnung. Bei zweitem (mögliche Erlaubnis nicht aussprechen, wie „länger aufbleiben", „einen kleinen Geldbetrag selbstverwaltet für Süßkram ausgeben", „Gehsteig alleine überqueren nach entsprechender Übung"...) droht Macht-kampf.

Was also tun?

Auf die Überholspur gehen und einfach mal so tun, als ob das Kind schon zwei Jahre älter ist. Viel Freude dabei!

Besser schweigen

Nun, was soll ich sagen... manchmal ist es besser, zu schwei-gen.

Gerne „hören" wir in der Versammlung in Krippe und Kinder-garten die „Stille". Es ist immer wieder ein bewegender Mo-ment, wenn es gelungen ist, die Kinder ganz in sich, dem Kreis der Gemeinschaft, der Ruhe und Sammlung angekommen-Sein zu spüren.

Hören Sie sich doch manchmal zu, was und wie Sie zu Ihrem Kind reden... Manches Mal wäre es besser gewesen, den Mund zuzulassen, finde ich hin und wieder als Mutter meiner Kinder. Geht es Ihnen auch so?

Nun dann: Manchmal ist es eben besser, zu schweigen.

In Bewegung sein

Schon seit Anfang an war seit dem Bezug unseres Neubaus das Elternkaffe hier im Telos-Kinderhaus im Eingangsbereich als Ort der Begegnung gedacht: Eltern saßen hier zur Eingewöh-nung ihres Kindes, einige schöne thematische Elternkaffees fanden statt... und dann fiel das Elternkaffe in einen Dornrös-chenschlaf.... Bis vor einigen Wochen der Elternbeirat aktiv wurde. Sie kennen die Ideen bereits, die sich die Eltern zur Verschönerung ausgedacht haben. Das war der Kuss des mu-tigen Prinzen! Kissen wurden schon mal probeweise aufgestellt, die Bänke und der Tisch probeweise umgestellt, weitere heitere Visionen erdacht.

Und siehe da – obwohl das Elternkaffee noch nicht in seiner ganzen neuen Pracht erstrahlt – sagte mir kürzlich eine Mutter sehr begeistert, wie schön das neue Elternkaffee ist! Und wie gemütlich!

So arbeitet auch die Ermutigungspädagogik: Wenn ein Kind plötzlich anders ist als zuvor, wenn sein wahres, frohes, freundliches, neugieriges und lebenslustiges Wesen in einen Dornröschenschlaf fällt, ist es hilfreich, wenn wir gemeinsam positive Visionen austauschen: Die Eltern untereinander, das Team untereinander, Eltern und Team gemeinsam, ja und auch Eltern/Team zusammen mit dem Kind! Die neue heitere Vision des Kindes nimmt nach und nach reale Gestalt an, wenn wir ihr vorab Gestalt geben in Form von schönen Worten, bunten Bildern, frohen Tagträumen...

Und auch, wenn es tatsächlich ein bisschen dauern mag, bis das „andere" (vielleicht anstrengende, schüchterne, aggressive, faule ...) Verhalten des Kindes wieder verschwindet, vertrauen wir darauf, dass das eigentliche „schöne" Wesen des Kindes in Bälde (wieder) zutage kommen wird.

Ermutigendes bringt Entspannung

Manchmal hat man den Eindruck, die Welt (weltweit) gerät ins Wanken. Kein Wunder, wenn "unsere" Kinder hippelig und anstrengend werden. Gerade Kinder spüren mit ihren feinen Antennen, dass etwas vor sich geht. Nur: Einordnen können sie es meist nicht. Dafür sind wir Erwachsenen verantwortlich. Nun: Müssen/sollen wir unseren Kindern von all den Schrecknissen erzählen? Wieder einmal kann man diese Frage nicht pauschal beantworten. Je nach Interesse und Alter - ja. So viel, wie das Kind wissen will. Wenn es mehr wissen will, fragt es nach. Und: Wir Erwachsene sind dafür verantwortlich, dass der Gegenpool mehr Gewicht bekommt: Die Ruhe. Die Sicherheit. Das Zutrauen. Das Vertrauen. Das können wir im Kleinen beginnen - das strahlt in die Welt hinein.

Anerkennen, wenn das Kind einen klitzekleinen Beitrag zur Familie/Gruppe geholfen hat. Sich freuen, wenn das Kind es geschafft hat, einen Knopf selbständig zu schließen. Ein kleines Fest am Werktags-Frühstückstisch "feiern": Kerze an, sich 10 Minuten Zeit nehmen zum gemeinsamen Teetrinken, Essen, Miteinander-sein. Mit ruhigen Worten das Kind in die Kita/die Schule entlassen - vielleicht so: "Ich wünsche dir einen schönen Tag, die Engel begleiten dich."

Dies baut unser eigenes Polster an Zutrauen und Vertrauen aus - dieses vergrößert sich, wenn wir ihm Raum geben. Raum entsteht, wenn wir das Andere, das Schrecken-einjagende, in den Hintergrund rücken. Geben wir guten, lichtvollen Gedanken Raum!

Ermutigung durch Übertreibung

Ein Kind erscheint stur: Es will einfach nicht mit der Schere schneiden! Im Elterngespräch stellen wir fest, dass das Kind grundsätzlich neuen Sachen skeptisch gegenübersteht. Die Ermutigungspädagogik sagt: Vom Positiven ausgehen. Theo Schoenaker hat uns in der Ausbildung zur Encouraging-Master-Trainerin (Grundlage: Individualpsychologie) gerne vom Socken mit Loch erzählt. Um das Loch zu stopfen, fängt man an, die gut erhaltenen Fäden am Rand einen nach dem anderen aufzufädeln. Von dort spannt man nach und nach über das Loch die guten, neuen Fäden. Machen wir es also auch so bei unseren Kindern: Gehen wir vom "Guten" aus. Benennen wir dieses. In "extremen entmutigten Fällen" können wir da auch schon mal etwas übertreiben: Viel Wind darum machen! Viele

Worte darüber reden (auch, wenn die Tatsache recht klein ist). Und: Nach und nach auch Dinge benennen, die das Kind (noch) nicht macht - von denen wir jedoch ahnen, dass das Kind sie bestimmt bald können wird! Sagen wir so: "Toll! Du hast ... gemacht!" Auch, wenn es noch nicht so ist.

Ist das dann gelogen? Nein! Denn wir gehen ja davon aus, dass das Kind "es" kann, denn viele Kinder "können" fast alles - wenn man es ihnen nur zutraut. Sie können es in "ihrem" persönlichen Vermögen. Momentan können wir es nur noch nicht sehen.... Blockieren wir uns und unsere Kinder nicht dadurch, dass wir nur sehen, wie sie "es" *nicht* machen! Motivieren wir sie, indem wir ihnen gedanklich, in unserer Vorstellung bewusst und kreativ freien Raum zur Entfaltung dieser Fähigkeit geben! Stellen wir ihnen sozusagen eine noch leere Sand-Form zur Verfügung, in die hinein die Kinder ihre neue Fähigkeit wachsen lassen...

Viel Freude beim Finden der wunderbaren Fähigkeiten Ihrer Kinder!

Tränen gehören dazu

Am Mittwoch war die Abschiedsversammlung unserer diesjährigen Jahrespraktikantin C. Alle Krippen- und Kindergartenkinder saßen beieinander, alle Kolleginnen, es war eine andächtige, festliche Runde. Nach dem Stille-Hören wünschte sich C. das Lied „Rosen, Tulpen, Löwenzahn..." von Dorothee Kreusch-Jakob. Das können wir alle sehr gut und mögen wir alle sehr gerne! Es geht da um Freundschaft. Normalerweise bin ich ja bei Abschiedsversammlungen recht „abgebrüht", naja, man gewöhnt sich im Laufe von über 22 Kita-Jahren an Abschiede. Heute war es anders. Ich musste ganz schön schlucken. Als ich dann auch noch die Strophe „Carolin, ich hab' dich gern!" spontan umdichtete in „C., ich hab dich gern" war es aus. Kurze Pause, weinen, schlucken… Und weiter geht's! Am Ende des Liedes habe ich dann doch den Kindern gesagt: „Heute fällt uns Erwachsenen der Abschied ganz schön schwer und wir müssen weinen." Denn ich war nicht die einzige. Die Kinder schauen, nicken, verstehen. Und wir beruhigten uns ja dann wieder.

Tränen sind dafür da, dass sie geweint werden.

Da Kinder die Emotionen der Eltern und der nahen Erwachsenen IMMER spüren – auch, wenn wir glauben, dass wir diese sehr gut ganz tief innen versteckt haben – ist es gut, die Emotionen zu benennen. Dann wissen die Kinder, was los ist. Und lernen gleichzeitig, dass diese Emotion „Traurigkeit" heißt, eine andere heißt „Ärger" und wieder eine andere „Wut", „Freude", „Fröhlichkeit" und so weiter. Auch können die Kinder sich dann darauf einstellen: Sie wissen, die Tränen haben nichts mit uns zu tun, sondern mit dem Abschied. Oder: Die Wut hat schon mit mir (Kind) persönlich zu tun, aber nicht mit meiner Person, sondern mit dem, was ich getan habe. Wenn wir es ihnen so vermitteln…

Regeln und Grenzen, die sich dehnen

Einige Vorschulkinder sind alleine im Garten. Ein Spiel-Flug-Objekt landet leider jenseits des Gartenzauns. Als wir vom Fenster aus bemerken, dass die Kinder über den Gartenzaun klettern wollen, um das Teil wieder zu holen, rufen wir alle Kinder sofort herein.

Im Folgenden spontan ausgedachten Angebot demonstriere ich den Kindern anhand von einigen schnell geknoteten Stoff-Püppchen aus Chiffon-Tüchern, einem Turn-Reifen und zwei Seilen in einem kleinen Theater den Unterschied zwischen starren (Reifen) und fließenden (Seile) Regeln.

Starre Regeln müssen sein, wenn Gefahr an Leib und Leben besteht. Eine solche Regel ist es zum Beispiel, dass alle Kinder im Telos-Gelände bleiben. Oder dass alle Menschen bei Rot an der Ampel stehen bleiben. Und so fort.

Fließende Regeln dehnen sich. Sie lassen sich anpassen an Zeit, Situation und Personen. Fließende Regeln können wachsen. Sie gestalten das menschliche Miteinander. Sie wachsen, wenn das Kind „an Alter und Weisheit" zunimmt.

Gute Gelegenheiten für Eltern, diese Regeln wachsen zu lassen sind: Weihnachten, Ostern, Sommer und die persönlichen Feste wie Geburtstag und Namenstag. UND: Das empathische Gespür der Eltern, dass ihr Kind in wenigen Tagen „weiser" geworden sein wird. Wenn jetzt die Regel automatisch weiter wird (im elterlichen Wissen und Zutrauen, dass das Kind die damit auf es zukommenden neuen Herausforderungen meistert) muss das Kind nicht gegen eine starre Grenze ankämpfen: Trotzphasen und Machtkämpe in der sogenannten „Trotzphase" und der Pubertät bleiben dann aus. Die Meisterschaft der Eltern und Pädagog*innen besteht also darin, sich jederzeit in die bestehenden Regeln einzufühlen in Bezug auf ihr Kind (die Kindergruppe) und zu prüfen, ob diese Regeln (noch) stimmen. Dies ist eine große Leistung, die uns Erwachsenen selber hervorragend vor Augen führt, was für „gute Eltern" („gute Pädagog*innen") wir sind. Und zwar auf eine wesentlich angenehmere Weise, als wir es uns beweisen würden, wenn wir kraft unserer Autorität die Wächter von ausschließlich starren Regeln wären.

Wahlmöglichkeit – aber bitte mit Grenze!

Versammlung aller Kindergartenkinder. Wir sind spät, weil die Kinder so intensiv im Freispiel gespielt haben. Folge: Die Kinder sind jetzt sehr unruhig. Ich habe richtig zu tun, damit alle leise werden! Ein Kind verzieht sich beleidigt, weil es seinen Lieblingsplatz nicht bekommen hat (Nahziel Aufmerksamkeit und Rückzug? – unserer Kollegin kümmert sich). Immer wieder schwätzt jemand, scharrt mit den Füssen, plappert... ich bin schon ganz unruhig vor lauter hierhin und dorthin-sagen: Sei leise!".

Und merke, dass ich jetzt ganz deutlich die Führung übernehmen muss – sonst werde ich von den Kinder geführt. Jedoch dann woanders hin, als ich will: Weg-geführt von der gemeinsamen Versammlung.

Also: Atmen! Mich einzelnen Kindern zuwenden: Ich gehe zu zwei älteren Kindern, die plappern, und frage eines nach dem anderen: „Bist du hier leise oder setzt du dich lieber fürs Leisesein auf diese andere Bank?" – „Ich bin hier leise!" – „Ich auch!". Gut.

Kaum sitze ich wieder – plapper, plapper. Das Anbieten der Wahlmöglichkeit hat leider nichts genützt. Ich wieder hin: „Wer von euch setzt sich auf diesen anderen Platz?" Beide sind still. „Ene, meine, miste, es rappelt in der Kiste... und du bist weg." Das Kind, auf dessen Knie ich abzählend meine Hand gelegt habe, steht seufzend auf und setzt sich auf die andere Bank. Und ist leise!

Kurz darauf frage ich es, ob es uns den „Guten Appetit" für den Obstteller wünschen will – also ein schöner Auftrag. Es will.

Dann sind da noch die anderen beiden älteren Kinder, die sich ständig flüsternd unterhalten: Ich gehe ebenfalls hin, frage beide das gleiche. „Bist du hier leise oder dort?" – „Ja!" – „Auf eine Entweder-oder-Frage kann man nicht mit Ja antworten." – „Ich bin leise!" – Und das ist das Kind ab da tatsächlich. Kurz darauf lache ich ihm mit erhobenem Daumen zu: Es grinst verlegen und dankbar zurück. Die Versammlung gelingt"

Was ist also zu tun im Sinne der Ermutigungspädagogik?

Merken, dass ich dabei bin, mich vom Kind/den Kindern einspannen zu lassen.

Atmen! Mein Körpergefühl wahrnehmen! Und die Körperhaltung ändern /z.B. aufstehen), damit „meine Leitung frei wird". Mein Energiefeld spüren: Denn dann merke ich, wie kreativ ich eigentlich bin! Sämtliche Ideen, die ich gelernt, gehört, gelesen habe, fallen mir wieder ein. Ermutigung tun.

= Kurzform: „MAKE Ermutigung!"

Zum Beispiel Wahlmöglichkeiten geben. Aber mich dabei nicht um den Finger wickeln lassen! Denn jetzt bin ich diejenige, die die Führung übernommen hat.

Buchenbäume leben wie in einer Familie. Die alten Bäume versorgen die jungen über die Wurzeln mit Nährstoffen und schützen sie von oben durch ihr tief dunkles Blätterdach. Kleine Bäume fühlen sich im Schutz der alten Bäume wohl.

Das tun auch die Menschenkinder. Sie leben gerne in der Gemeinschaft.
Diese besteht zunächst aus der Mutter und dem Baby (Ur-Bindung), nach einiger Zeit kommt der Vater (oder andere Bezugspersonen) dazu und die Geschwister. Nach und nach die Tagesmutter, die Kita-Betreuer*in, andere Kinder und Erwachsene …

Kinder helfen gerne mit. Sie ahmen die anderen Menschen nach, helfen, sobald sie krabbeln können, die Spülmaschine „ausräumen", die Schubladen „sortieren", die Schuhe in der Garderobe „ordentlich aufstellen". Und ein bisschen später den Tisch-decken (auf ihre

Weise), kochen, einkaufen, den Einkaufszettel „zu schreiben" und eben alles, was der Alltag mit der Familie und der Kita-Gruppe hergibt.

Kinder helfen gerne mit – wenn wir sie lassen. Wenn wir ihren Beitrag als „Mithilfe" wahrnehmen. Wenn wir ihre ungelenken und vielleicht sinnlosen oder gar zerstörenden Bewegungen liebevoll so dirigieren, dass es gut wird. Vielleicht nicht genau dieses „Gut", wie wir es gewohnt sind und gerne hätten, sondern das „Gut", das im Sinne des Miteinanders von jungem Kind und Erwachsenem gerade jetzt entsteht.

Kinder tragen gerne zur Gemeinschaft bei. Von sich aus.

Verlorene Fußballkarten und hilfreiche Kinder

Alle Kindergartenkinder sammeln sich gestern am grünen Teppich. Oh je: Ein Mädchen weint, weil ein Junge seine Fußballkarten hat und behauptet, dass es seine sind. Die sehen aber auch alle gleich aus, diese Karten… Hergeben tut der Junge die Karten nicht. Auf keinen Fall! Das kann ich alleine nicht lösen. Ich schalte die Gruppe ein: „Habt ihr eine Idee?" Ja: Neue Karten kaufen. Dem Jungen die Karten wegnehmen. Und: „Ich habe viele, ich kann welche abgeben!" Und schon schallt es von allen Seiten: „Ich auch, ich auch!" Das Gesicht des Jungen klart auf, er gibt die Karten zurück. Er fühlt sich wertgeschätzt von der ganzen Gruppe. Was für eine Ermutigung!

Aktiv die Entmutigungsspirale beenden

Einem Menschen geht es nicht gut. Er hat keine klassische Krankheit - er fühlt sich nicht in seiner Mitte. Er hat mehr oder weniger den Boden unter seinen Füssen verloren. Der Mensch ist alt oder jung, ein Mann oder eine Frau, ein Kind oder ein Greis. Der Mensch will, dass es ihm wieder besser geht. Er will wieder in seine Mitte kommen. Er will fühlen, dass er in der Gemeinschaft willkommen ist. Dafür tut er das, was bei den anderen Menschen wahrgenommen wird: Taten, die in zunehmendem Maße anstrengend werden. Aufmerksamkeit erregen, alles besser wissen, schimpfen und treten… im schlimmsten Falle zieht sich der Mensch in sich und sein Schneckenhaus zurück.

In einem Kinderhaus gibt es immer wieder solche Menschen: Alte genauso wie junge. Für die jungen tragen wir (das Telos-Team) besondere Verantwortung. Ihnen helfen wir auf diese besondere ermutigende Art und Weise, dass sie wieder in ihre Mitte kommen, den Boden unter ihren Füssen spüren. Dass sie merken, genauso, wie sie sind, sind sie uns willkommen.

Das leben wir täglich im Alltag – durch ermutigendes Handeln und indem wir ermutigende Atmosphäre verbreiten.

Das Kind kommt zunehmend wieder in seine Mitte.

Dann gehen die Kinder heim. Sie erzählen Dinge des Alltags. Es mögen Kinder sein, die sich momentan nicht in ihrer Mitte fühlen, die ein bisschen den Boden unter ihren Füssen verloren haben. Sie merken, dass sie von den Eltern besondere Aufmerksamkeit bekommen, wenn sie von schwierigen Situationen erzählen, die ein spezielles Kind *getan haben soll*. Ob dies wirklich so war? Vielleicht hat auch das eigene Kind auf ganz subtile Weise dieses eine Kind angestachelt? Keiner weiß das so genau.

Die Entmutigungsspirale der ganzen Kinderhaus-Gruppe wird dann nach unten angekurbelt, wenn die Eltern über das spezielle Kind negativ reden. Dann ist der ganze ermutigende, positive Erfolg, den die gesamte Kinderhaus-Gruppe am Tag geleistet hat, mit einem Schlag dahin. Das gleiche gilt, wenn sich die Eltern untereinander negativ, also abwertend, darüber austauschen.

Die Ermutigungsspirale der ganzen Kinderhaus-Gruppe wird dann nach oben angekurbelt, wenn die Eltern ihrem Kind aufmerksam zuhören, sachlich nachfragen, Verständnis für Blessuren und seelische Nöte äußern. Wenn sie beim Team am nächsten Tag sachlich nachfragen. Und wenn sie gemeinsam mit ihrem Kind in den Schuhen des speziellen Kindes gehen. Verständnis wird erreicht. Akzeptanz. Das eigene Kind merkt: Jeder Mensch (!) tut manchmal Dinge, die nicht okay sind – und dann genau ruft er um Hilfe.

Gut, wenn er gehört wird! Gut, wenn andere ihn ermutigen.

Hilfe naht!

Waldtag, gestern ins Wäldchen hinter dem Wertstoffhof. Die Kinder balancieren über eine Brücke aus Stecken über das winzige Bächlein. Die Brücke war schon mal vorher gebaut worden, die Kinder haben sie diesmal wieder repariert. Ein Kind bleibt mit seinem Fuß stecken. „Hilfe! Ich komme nicht mehr raus!" Tatsächlich, der Fuß klemmt richtig fest. Muss ich sofort hin? Ich warte einen Moment. Andere Kinder kommen. Schauen, überlegen. „Tilda steckt fest!!", „Der Fuß klemmt!". Ein Kind steigt mit Gummistiefeln in das kleine Bächlein und begutachtet von dort die Lage. Ein anderes geht auf die Brücke und zerrt am klemmenden Schuh von Tilda. Ein drittes greift die feststeckende Tilda unter die Arme und zieht kräftig. Ich komme näher. Einen kurzen Moment sehe ich Angst in den Augen von Tilda. Ruhig sage ich: „Wir helfen dir. Alle sind da. Vielleich kannst du den Schuh ausziehen?" So einfach geht das nicht. Alle helfen mit! Fachsimpeln, ziehen, stochern, sichten. Ich sitze daneben und beobachte.

Endlich ist der Fuß aus dem Schuh und - schwupp: Der Schuh wieder frei. „Wir haben alle geholfen!" sagt ein Kind stolz.

Ja, das haben wir. Gemeinsam. Gleichwertig. Ein mutiges Team!

Höflichkeit lernen

Wie bringt man seinem Kind Höflichkeit bei? Diese Frage stellen sich manche Mütter und Väter. Was verstehen wir unter „Höflichkeit"? „Bitte/Danke" sagen. „Bescheid geben, wenn man aus dem Zimmer geht", „Gesprächspartner anschauen", „Guten Morgen sagen" … das könnte dazu gehören und noch viel mehr.

Wenn meine eigenen Kinder früher (ist schon ein Weilchen her) vom Metzger ein Stückchen Wurst bekommen haben, war es mir schon manchmal peinlich, wenn sie nicht sofort „Danke" sagten. Oder das „Danke" fast unhörbar in sich hineinmurmelten. Da hörte ich einmal folgenden Tipp: Wenn das Kind „Danke" sagen soll, es aber nicht tut, sagt die Mutter/der Vater laut „Danke" und drückt im gleichen Moment dem Kind sanft auf den Kopf. Später reicht nur noch das „auf-den Kopf-drücken". Also, manchmal hat es gewirkt bei meinen Kindern…

Wie machen wir Erwachsenen es aber selber? Wie gelingt es uns, in der Hektik des Familien-Berufs-Lebens jederzeit an einen höflichen Umgangston zu denken? „Danke" sagen geht ja noch. Aber wie ist es mit dem „Guten-Morgen" sagen, wenn einem niemand „sanft auf den Kopf" drückt?

Als Mutter will ich natürlich ein gutes Vorbild sein. Aber manchmal bin ich müde, nörgelig, morgenmuffelig. Dann habe ich keine Lust. Aber ich sollte doch Vorbild sein!

Und was mache ich, wenn ich einem Erwachsenen begegne, der mich nicht grüßt, obwohl ich ihn direkt anschaue und ein „guten Morgen" auf den Lippen habe?

Alfred Adler sagt in etwa so: Gemeinschaftsgefühl ist, wenn ich mit den Ohren des anderen höre, den Augen des anderen sehe, dem Herzen des anderen fühle. Ein indianisches Sprichwort lautet: Erst, wenn du 100 Schritte in den Mokassins des anderen gelaufen bist, weißt du, wie es ihm geht.

Für mich persönlich sind diese Worte Leitfaden zum Glücklich sein. Denn meist verstehe ich auf diese Weise im Bruchteil von Sekunden, was mein Gegenüber bewegt… und gräme mich nicht, wenn ich nicht bemerkt oder nicht gegrüßt werde. Im Gegenteil: Jetzt bin ich in der Lage, ohne eigene Verletztheit meinem Gegenüber ein frohes Wort mit auf den Weg zu geben. Und tatsächlich: Wenn auch nicht immer sofort, aber immer im Laufe der (manchmal auch langen) Zeit, kommt diese Geste zurück zu mir. Die Ermutigungsspirale ist angekurbelt worden… Herzlichen Dank für die Anregung zu dieser Freitagsmail!

Hilfsbereitschaft und Mut

Meine Kollegin und ich werkeln im Büro. Ein zärtliches Klopfen an der Türe – das ist Kinderklopfen! Draußen stehen drei Jungs (zwischen 3 und 5 Jahren), schauen ins Büro, schweigen, drehen sich weg und tuscheln „Was sollten wir nochmal fragen? Ach ja!" Und schon kommt die Frage. Die Antwort sage ich mit einfachen Worten – ich nehme an, sie kommt „oben" im Kindergarten an.

So geht das im Telos-Kinderhaus: Alles, was man nur irgendwie Kindern als „Auftrag" übergeben kann, wird Kindern übertragen: Zettel mit Nachrichten überbringen, Bücher zum Kopieren ins Büro bringen, unter dem Brotzeittisch kehren, das Telefon hochtragen, Bänke für die Versammlung aufstellen und gaaanz viel mehr. Denn Kinder lieben es, Aufgaben zu übernehmen! Kinder helfen gerne! Je nach Alter und Fähigkeit organisieren sie auch vieles ganz selbständig! Dann fühlen sie sich gebraucht, wichtig, bestätigt. Dann merken sie, dass sie für die Gemeinschaft sinnvoll beitragen. Das ist Ermutigung.

Gefühle übertragen sich – bei Mensch und Tier

Kennen Sie das? Sie begegnen einem Menschen, werden ohne ersichtlichen Grund plötzlich nervös, befangen, ein bisschen ärgerlich, unnahbar… „Der ist doch seltsam, dieser Mensch!" sind unsere nächsten Gedanken. Oder bei unserem Kind: Nahezu grundlos werden wir ärgerlich auf es, wollen laut werden, schreien, aggressiv werden – damit es tut, was wir wollen.

Die Parallele (von meiner Kollegin erzählt): Diesen Mittwoch beim Reiten. Ein Kind hat Scheu vor den Tieren. Erst beim Rückweg traut es sich, auf das Pony zu klettern, um ein Stück des Weges zum Kindergarten zurückreiten zu können. Nach wenigen Metern bleibt das Pony stehen – und rührt sich keinen Zentimeter mehr weiter! Die „Pferde-Edith" erklärt es so: „Das Pony merkt, dass du ein bisschen ängstlich bist. Das Pony will ja nicht, dass du runterfällst. Deshalb geht es nicht weiter." So klettert das Kind halt wieder herunter…

Was haben nun „bockige Pferde", „seltsame Menschen" und „sture Kinder" gemeinsam? Dass sie sich gegenseitig unbewusst und meist unbemerkt „Botschaften" übermitteln. „Mir geht es…". „Immer wenn ich dich sehe, werde ich unsicher…". „Ich habe Angst vor dir…". „Ich weiß gar nicht, was ich sagen wollte…". „Ich bin heute sowieso depressiv…". „Ich fühle mich schlecht…". „Ich fühle mich unsicher…". „Ich kenne mich nicht aus…" und ganz vieles mehr.

Was auch immer wir fühlen, senden wir unbewusst nach außen aus. Unsere Mitmenschen fangen diese Botschaften (meist unbemerkt, also unbewusst) auf – und stecken sich daran an: Das Gefühl überträgt sich! Der Unterschied zwischen Mensch und Tier: Das Tier handelt aktiv entsprechend seiner Gefühle – die Menschen schicken ihr empfangenes Gefühl oft ungefiltert an den Sender zurück…

Fazit:

„… MAKE Ermutigung"

M = Merken, achten, damit Sie in der bewusst aktiven Rolle bleiben!

A = Atmen!

K = Körperhaltung ändern, Stress abbauen.

E = Energie und Raum in und um sich herum wahrnehmen.

Ermutigung = das „Richtige" (Beruhigende, Sicherheit–schaffende, Annehmende…) für Ihr Kind und Sie in der momentanen Situation tun!"

Keine Stimme

Heute waren wir im Kinderhaus etwas mager mit Pädagog*innen besetzt. Außerdem war ich ziemlich erkältet: Nach der Art „zu viel Reden => Hustenanfall". Dank meines Teams musste ich nicht viel reden. Nur einmal am Vormittag hatte ich alle Kindergarten-Kinder alleine. Sie sammelten sich alle am „grünen Teppich". Schon den ersten Ankommenden sagte ich leise, dass ich erkältet bin, schnell husten muss, wenn ich laut und viel rede und deshalb nur wenig rede. „Ich brauche dringend eure Hilfe!" Sie nickten verständnisvoll. Im Flur tröstete ich kurz ein Kind. Als ich wieder ins Zimmer kam, saßen alle ca. 25 Kinder sich leise unterhaltend am grünen Teppich. Als ich kam, wurden sie sofort still. Ich war sehr gerührt! Dann machten wir ein Spiel: Mit der Flöte spielte ich verschiedene Martinslieder an, die die Kinder erraten sollten. Dann sangen wir das jeweilige Lied gemeinsam. Vielmehr: Die Kinder sangen, ich spielte Flöte. Es war wunderbar! Ich glaube, ich sollte öfters… nein, lieber doch nicht. Vielleicht sollte ich einfach öfter ganz leise reden?!

„Die Liesl hat mir…!"

Das kennen wohl alle, die mit Kindern zu tun haben: Ein Kind kommt zu mir und erzählt vorwurfsvoll: „Die Liesl/der Fritz hat mir... - die Schaufel weggenommen/ mich am Rücken gestupst/ zu mir ein blödes Wort gesagt"... oder ähnliches.

Es ist gut, wenn sich Kinder beim Erwachsenen Hilfe holen! Wenn sie sich das trauen. Wenn sie merken, dass es ihnen gerade schlecht geht.

Es ist auch gut, wenn Kinder Konflikte selber lösen. Wenn sie sich das trauen. Wenn sie selbständig sind. Wenn sie merken, dass sie dazu in der Lage sind.

Für uns Erwachsene ist es gut, wenn wir merken, wann das eine, wann das andere wichtig, sinnvoll, ja eben „dran" ist.

Wieder einmal ist unsere Intuition gefragt: Immer (wenn wir gut auf unsere kleinsten Nuancen Veränderung in uns selber achten!) fühlen wir eine Reaktion auf die Kinder-Aussage „Der/die hat mir...!" Diese eigene Reaktion kann sein: „Ach, schon wieder... seufz" (= genervt sein). Oder: „Mann, schon wieder hat die Liesl/der Fritz dem armen Kind was angetan!" (= Ärger). Oder: „Oh, Achtung – so, wie das um Hilfe anfragende Kind schaut/wirkt, braucht es schnell Hilfe. Da stimmt etwas nicht." Oder viele, viele andere Reaktionen.

Meistens ist es gut, einen Moment zu warten (diesen Moment kann man gut mit einem Atemzug füllen) – um in sich hinein zu spüren: Was fühle ich? Und: Was ist nun wirklich von mir gefordert?

Denn was ich nicht will: Die Liesl/den Fritz für etwas verantwortlich machen, für was sie gar nicht verantwortlich sind! Ich will sozusagen nicht missbraucht werden, damit sich das hilfesuchende Kind selber scheinbar aufwerten kann. Nach dem Motto: „Ha, jetzt habe ich die Liesl/den Fritz bei der Veronika angeschwärzt – jetzt geht es mir wieder besser."

Dies bringt auf Dauer nur ein Hin- und Herschaukeln, wenn sich die Kinder nahezu unsichtbar piesacken und ärgern.

Was ich auch nicht will, ist, ein Kind, das wirklich sofortige, praktische Hilfe von mir braucht, ablehnen.

Meine Reaktionen sind also immer davon abhängig, was das fragende Kind eigentlich (= unbewusst) will: Braucht es besondere Aufmerksamkeit? Oder sofortige Hilfe? *Hilfe* brauchen sie in dem Fall alle: Nämlich Ermutigung.

Im ersteren Falle besteht die ermutigende Hilfe oft darin – erst mal nichts zu tun. Wenn das Kind mit seiner Frage „die Liesl hat mir…!" kommt und ich Genervt sein oder Ärger spüre, kann ich sagen: „Ich traue dir zu, dass du das mit der Liesl/ dem Fritz alleine klärst." Oder: „Muss ich das wissen?" Oder: „Aha."

Die großen Augen und das Kind, das schnellen, sicheren Schrittes wieder abzieht, bestätigen mir, dass meine Antwort in diesem Fall richtig war. In den nächsten Minuten werde ich eine Möglichkeit, finden, dieses Kind besonders aufzuwerten und zu ermutigen (mit einem freundlichen Blick, einem motivierenden Ausruf oder einer kleinen besonderen Aufgabe, die es gerne machen möchte).

Im zweiten Fall gehe ich hin und kläre im Sinne des „Ermutigungs-Friedens-Kreises" das Anliegen gemeinsam und gleichwertig mit den Kindern.

„Friedenshelfer für die Erde"

Ein Kind sitzt weinend im Krippenzimmer– keiner weiß, warum. Ein zweites Kind (ein Vorschulkind, das vor wenigen Wochen hier im Kinderhaus die Ausbildung zum „Friedenshelfer auf der Erde" gemacht hat) bemerkt das weinende Kind. Mit seinem Blick fragt es: „Was ist los?" Keine Antwort. So hockt sich das Friedenshelfer-Kind von sich aus am Boden vor das weinende Kind und beobachtet es. Es ist da. Es fühlt sich ein. Es ist präsent.

Wir vom Telos-Team finden dies eine tolle Leistung! Da ist jemand in Not. Auch, wenn ich gerade nicht weiß, wie ich helfen kann; auch, wenn das weinende Kind mich nicht aktiv braucht; so bin ich doch einfach da. Wenn es mich brauchen sollte, bin ich sofort einsatzbereit. Und: Mit meiner stillen Anwesenheit gebe ich dem Schmerz des weinenden Kindes Aufmerksamkeit, vermittle dem Kind Zuneigung und somit Heilung.

Den Namen „Friedenshelfer auf der Erde" haben sich die Kinder selber gewählt.

Mithilfe zulassen – Ängste überprüfen

Ein sehr junges Krippenkind besucht voller Freude die "großen" Kinder im Spielzimmer. Es sitzt auf dem Schoß der Pädagogin und betrachtet das Werkeln und Wirken der älteren Kinder voller Ehrfurcht. Schließlich steht es auf, wandert zum Spielteppich, weil es dort viele kleine Plastikperlen bemerkt hat, die da am Boden herumliegen. Ich werde gleich besorgt und zeige es der begleitenden Pädagogin aus der Krippe - die es schon längst gesehen hat. "Das passt schon!" Und tatsächlich: Das Kind pickt die einzelnen Perlchen auf und bringt sie voller Stolz zu meiner Kollegin. Die freut sich über seine Aufräumhilfe.

Und das ist in diesem kleinen Augenblick an "Ermutigungspädagogik" passiert:

* Ein Kind fühlt sich zur Gemeinschaft zugehörig und willkommen.

* Es bemerkt etwas - Neugierde zieht es magisch an.

* Es stellt fest, dass etwas unordentlich ist - und hilft! Es leistet seinen kleinen Beitrag, um diese Unordnung wieder aufzuräumen.

* Es erfährt Anerkennung - und fühlt sich dadurch gestärkt in seinem Beitrag.

* Durch das Wissen und die Erfahrung meiner Kollegin speziell mit diesem Kind konnte sie mich beruhigen - und mein eventuell gleich ent-mutigend wirkendes Handeln, nämlich das Kind von den kleinen Perlen zurückzuhalten, die es ja vielleicht auch hätte verschlucken können, verhindern.

Was ist also zu tun?

* Das eigene Wissen immer wieder überprüfen: Stimmt meine Erfahrung von "bis gerade eben" mit dieser Situation, mit diesem Kind, mit meinem Kind, das einen Moment älter ist, als noch gerade eben, überein?

* Eine Moment länger warten! Vielleicht stellt sich die Aktion des Kindes als positiver und nützlicher Beitrag heraus.

* Immer wieder meine eigenen Ängste und Befürchtungen klar ins Auge fassen - und gegebenenfalls korrigieren und in Frieden entlassen.

Das Kleine achten

Am Nikolaustag haben diesmal die Telos-Kinder den Eltern eine Kleinigkeit geschenkt: Je eine selber gebastelte Schale oder Schachtel. Inhalt: Eine Mandarine und ein Ermutigungsbrief des Kindes an die Eltern – jedes Kind hat, persönlich unterstützt von einer Telos®-Pädagogin, nachgedacht, sich eingefühlt und überlegt, was es an Mama und Papa mag.

Anscheinend haben manche Eltern diesen besonderen kleinen Brief übersehen... Das ist schade.

Nun bin ich mal Anwalt der Kinder – und hoffe, Sie verstehen dies richtig: Wie gehen meine Mama und mein Papa mit den Dingen um, die ich gebastelt habe? Bemerken und finden sie meine ermutigenden Worte? Oder bin ich ihnen nicht wichtig? Denn das, was ich gebastelt/gemalt/geschrieben habe, bin ich!

Nun bin ich mal Anwalt der Eltern – und hoffe, die Kinder verstehen dies richtig: Weiß mein Kind eigentlich, wie viel ich um die Ohren habe? Hat mein Kind eigentlich eine Vorstellung, wie viele „Bildchen", „Skizzen", „Brieflein"...von ihm (und den Geschwistern) ich schon zu Hause liegen habe? Wie kann ich von außen erkennen, wie wichtig gerade dieser eine Brief ist – wenn das von außen nicht sichtbar ist? Was will mein Kind denn noch alles von mir?

Manchmal sind widersprüchliche Bedürfnisse nicht aufzulösen. Nur: Die Kinder sind auf uns Eltern angewiesen, nicht umgekehrt. Wir haben die Verantwortung für die Kinder – UND uns. Insofern haben auch wir zunächst die Verantwortung für die kleinen Papier-Schnippelchen („das ist doch mein wunderbares Bild, Mama!!"), bis wir – nach kurzer Rücksprache mit dem Kind – erfahren haben, um was es sich handelt. Da wir auch die letzte Verantwortung für unsere Wohnung haben, dürfen wir dann ruhig mit dem Kind klären, wie viele dieser „wunderbaren Bilder" eine Wohnung fassen kann. Und dass manches, was zum Beispiel im Kinderzimmer dann auch keinen guten Platz mehr findet, ins Altpapier wandern darf. Dann haben wir beide (Kind und Erwachsener) Freude am kleinen Raum der Freiheit... und finden die geheimen Botschaften im kleinsten Schnippelchen.

Wer findet mich? Oder: Der Flug in die Freiheit

Zum Abschluss des Vormittags spiele ich mit den Kindergartenkindern im Garten das Spiel „Gefangen sind die Vögelein", das sie sich gewünscht haben. Bei dem Spiel sind im Wechsel ein paar Kinder die Vögelein, die nach einiger Singerei aus dem Käfig (Kreis der anderen Kinder) entlassen werden und in die Freiheit davonfliegen. Wir spielen das Spiel drei Mal, dann waren alle dran und wir machen uns daran, ins Haus zu gehen. Ein Kind hat seine Handschuhe vergessen und eilt nochmal mit Bruder zurück zum kleinen Gartenhäuschen. Von dort bringen sie ein drittes Kind mit. Hmmm, das war mir wohl entgangen, dass es nach dem Vögelein-davon-fliegen nicht mehr in den Kreis gekommen war. Gut, dass wir zum Ende der Gartenzeit immer nochmal durch den Garten schauen!

Als das junge Kind in meiner Nähe ist, sage ich: „Das war nicht der Sinn, dass du wegbleibst! Du musst immer gleich wieder in den Kreis kommen." Ich drehe mich um und sage „jetzt gehen wir ins Haus zum Essen". Nach ein paar Schritten merke ich, dass das junge Kind nicht kommt, sondern abdreht. Ich gehe zurück – da sitzt es bedröppelt auf dem Garten-Podest und weint. Als ich näherkomme, rennt es noch weiter weg und setzt sich hinten im Garten auf eine Kinderbank. Na, was ist das denn?! Ich glaube, da hat jemand was in den falschen Hals bekommen. Und plötzlich verstehe ich: Das war doch das Vögelein, das endlich in Freiheit war! Das kann doch nicht einfach so, normal, wieder in den Kinderkreis gehen, als ob nichts geschehen wäre! Geschweige denn, dafür, dass es endlich in Freiheit ist, noch ermahnt werden!

Ich habe Sorge, dass das Kind, wenn ich das Falsche sage, noch weiter wegrennt. Im Näherkommen suche ich etwas zum Erzählen: Hier – das vom Wind zerzauste Tomatenhaus! „Guck mal!" sage ich Vorbeigehen zum Kind „das Tomatenhaus ist ganz kaputt. Das müssen wir bald reparieren." Ich lege ein Brett anders hin, drehe mich um, halte dem Kind die Hand hin und sage freundlich „komm!". Hand in Hand gehen wir schweigend und wohlgesinnt ins Haus.

Da hab' ich doch gerade noch die Kurve gekratzt und es ist mir gelungen, in den Schuhen des Kindes zu gehen – hmmm, hier vielleicht besser: „mit seinen Flügeln zu fliegen".

Und wenn ich so, Jahre später, drüber nachdenke, wäre es noch charmanter gewesen, wenn ich das junge Kind als Vögelchen angesprochen hätte... oder seine gefundene Freiheit erwähnt hätte...

Ordnung ist das halbe Leben

Wir beobachten oft Kinder in der Garderobe, die – sind sie ohne Eltern hier – sich vollkommen selbständig an- und ausziehen. Sind die Eltern da, haben sie plötzlich alles verlernt.

Das mag mehrere Gründe haben:

1 * Das Kind ist müde und braucht Hilfe.

2 * Das Kind erhofft (unbewusst), über das Anziehen der Erwachsenen eine Extra-Portion „Liebe und Zuwendung" zu bekommen.

3 * Das Kind ist bockig – also entmutigt – und versucht (unbewusst) über seine Verweigerung, sich selber anzuziehen, seinen Wunsch nach Selbständigkeit und „guter Macht" (selber machen) zu erreichen. Klingt seltsam – ist aber genau das, was wir immer wieder beobachten. Nur: Das Kind will auf einem Gebiet selbständig sein, wo es besonders auffällt, wo dies besonders bemerkt und honoriert wird – auf alle Fälle mit viel Emotion! (Nahziel 2 und 3 der Entmutigungs-Spirale – erkennbar am eigenen Erwachsenen-Ärger).

4 * Die Situation verlangt ein schnelles Anziehen – leider ist heute keine Zeit, dass sich das Kind in seinem eigenen Tempo anzieht.

Es kann sich um das Anziehen handeln, um die Selbständigkeit beim Rucksack-herrichten, das Aufräumen allgemein... und so vieles andere im Alltag.

Mögliche ermutigende Lösungen:

1 * Dem Kind helfen, wenn es müde ist – und dies liebevoll aussprechen: „Ich sehe, du bist müde. Bestimmt hast du heute gaaaanz viel gespielt! Ich helfe dir heute – und weiß, dass du es selber kannst."

2 * Dem Kind helfen, mit der Bemerkung: „Klar kannst du es alleine! Heute verwöhne ich dich ein bisschen – ich hab' dich sooooo lieb!"

3 * Dem Kind nicht helfen. Sich aus dem Machtkampf zurückziehen. Das Kind un-angezogen mitnehmen. Das Kind wenige Augenblicke später ermutigen um seiner selbst willen! Möglichkeiten finden, in denen das Kind vollkommen selbständig *mächtig* sein kann.

4 * Das Kind gemeinsam mit ihm anziehen, mit der Bemerkung: „Heute ist leider keine Zeit, ich muss sofort heim, weil... Heute helfe ich dir schnell. Morgen haben wir wieder mehr Zeit und du ziehst dich alleine an, ich weiß, dass du das kannst."

Mutiges Farbenfamilien-Spiel
Zurzeit beschäftigen wir uns in der Kita auch mit den Farben. Dazu mache ich ein Spiel mit ca. 12 Kindern im Alter von 3 bis 5 Jahren. Jedes Kind erhält eine von vier farbigen Holzplättchen. Die Kinder schließen die Augen und gehen zur ruhigen

Musik im abgesteckten Raum behutsam umher. Immer wenn sie jemandem begegnen – und das tun sie fast dauernd – tauschen sie blind ihre Farbplättchen. Wenn die Musik endet, öffnen die Kinder die Augen und es finden sich schnell alle, die zu einer Farbe gehören, zusammen. Die Kinder lieben es!

Einmal fällt einem Kind sein Teil beim Tausch auf den Boden. Ich beobachte, wie es verwirrt dasteht, dann weitergeht – und schwupps, hat es wieder ein Teil in der Hand. Ein anderes bleibt ohne Teil, hat aber ebenfalls gleich wieder ein anderes in der Hand. Als ich die Musik stoppe, fehlt einem Kind sein Holzteil. Sofort bückt sich eines, hebt das am Boden liegende Teil auf und gibt es dem Kind, das keines hat.

Das hat mir gut gefallen! Und das sage ich den Kinder gleich: Wie hilfsbereit und umsichtig die Kinder sind. Dass sie überhaupt mit (beinahe) geschlossenen Augen so lange herumgehen. Dass sie sich so liebevoll begegnen, ohne Schubsen, ohne Gedränge. Das ist „Mut" im Sinne der Telos-Ermutigungspädagogik. Das war ein wirklich schönes Angebot letzten Mittwoch!

Viel Platz – viel Kreativität – viel Gemeinschaft

Heute haben vier Jungs im Mehrzweckraum mit den Autos und einer alten riesigen Pappröhre gespielt. Es war wunderbar, den Spielverlauf zu beobachten. Erst haben die Kinder je vorne und hinten reingerufen und gelauscht. „Hörst du mich?". Dann haben sie etliche Male alle Spielzeug-Autos in die Röhre gestopft und anschließend die Röhre wieder ausgeschüttet: Was für ein Chaos – alle Autos am ganzen Boden verteilt. Dann wanderten sie, die Röhre gemeinsam tragend mehrfach durch den Mehrzweckraum: „Kehrmaschine, Kehrmaschine" war ihr gemeinsamer Ruf. Nach ein paar weiteren Auto- Schüttungen verkündete ein Junge bestimmt: „Jetzt ist

Schluss"! und verräumte die Röhre. Nun waren aber immer noch die vielen Autos am Boden. Ein anderes meinte daraufhin: „Jetzt müssen wir die Aufräumglocke läuten!" Nun, da es für diese noch gar nicht Zeit war, gab es kein allgemein-gültiges Aufräum-Signal… ein Kind war recht verzweifelt über das schier unüberwindliche Auto-Chaos am Boden. Bis wieder ein anderer verkündete: „Zusammen schaffen wir's ganz schnell!" Bis dahin hatte ich mich rausgehalten. Jetzt empfahl ich ihnen die Besen, um die Autos aufzukehren. Und tatsächlich: Nach einiger Zeit gemeinsamen Werkelns war alles wieder aufgeräumt!

Kinder lieben Raum, Kinder lieben die Zeitlosigkeit, Kinder lieben es, sich zu entfalten. Und Kinder lieben auch die Ordnung und Klarheit. Und die Gemeinschaft. „Zusammen schaffen wir's ganz schnell!" – was für ein schöner Leitspruch für uns alle!

Die Häsin Fritzi – eine pädagogische Geschichte zum Thema „Ausgrenzung"

Aus gegebenem Anlass erzählte ich allen Kindergartenkindern dieser Tage eine fast spontan frei erfundene Geschichte. Dazu suchte ich mir ein paar Bilderkarten aus und ließ aus thematisch passenden jeweils ein Kind eine wählen. Aus drei Tieren wurde so der Hase gezogen. Aus den Karten „Hose" und „Zopf" wurde der „Zopf" gezogen. Nun begann ich, in etwa so: Die Häsin Fritzi geht in die Schule, es geht ihr gut, sie ist schlau… Nur leider hat sie einen Kummer: Ihre Haare wachsen nicht so lang, wie bei den anderen Häsinnen. Diese verspotten sie schon, auch die Hasenjungs sind nicht lieb zu ihr…

Nun wählte ein Kind aus umgefallenem Baum und Stein den Baum… Die Häsin fühlte sich manchmal sogar so, als ob ein

Baum auf sie drauf gefallen wäre. („Dann wäre sie platt" – sagte ein Kind treffend.)

Die Kinder waren sehr emotional dabei! Nun musste es also wieder gut werden!

Die Lehrerin war sehr schlau! Sie hatte gemerkt, dass es der Häsin Fritzi nicht gut geht! In ihrem Schaukelstuhl dachte sie abends lange darüber nach – dann fiel ihr etwas ein.

Aus einer Rose, einem Blumenstrauß und einer aufgeschnittenen Melone wurde letztere gewählt. Also ging die Geschichte so weiter:

Am nächsten Morgen kaufte die Lehrerin eine Melone, schnitt sie auf und richtete das Klassenzimmer anders ein: Sie stellte einen Stuhlkreis auf. In die Mitte kamen die Melonenstücke, schön hergerichtet. Als die Hasenkinder kamen, waren sie sehr erstaunt. Gemeinsam aßen sie die gute Melone, dann erzählte die Hasenlehrerin den Hasen-Kindern, dass sie gemerkt hatte, dass es der Fritzi nicht gut geht, weil ihre Haare nicht wachsen und sie auch so gerne lange Haare haben möchte. Ein Hasenmädchen verstand sofort und schenkte Fritzi ein Haar. Fritzi ließ dieses von ihrer Frisörin ankleben! Ab sofort hatte Fritzi ein langes Haar – und wurde von allen Hasenmädchen froh aufgenommen. Und auch die Hasenjungs mochten sie nun.

Die Kinder waren erleichtert! Ein glückliches Raunen ging durch die Runde.

Dann fragte ich, ob es Kinder gibt, denen es auch mal so gegangen ist: Drei meldeten sich! Bei zweien deckte sich dies mit unserem Erwachsenen-Eindruck. Natürlich ging es dabei nicht um die Haare – sondern um das sich-ausgegrenzt-fühlen. Wir sind nun neugierig, inwieweit die Hasengeschichte von alleine ihre Heilwirkung entfaltet! Tatsache ist: Wenn wir Erwachsenen alle gemeinsam daran glauben, dass es diesen drei Kindern gut geht, weil die große Gruppe der Kinder sie akzeptiert, wie sie sind – dann wird sich diese positive Stimmung auf alle übertragen! Denn: Wo wir Energie hineinsenden – wird es mehr…

Wie schön so eine Pfütze von Matsch – wenig sagen

Wie schön so eine Pfütze von frischem Matsch-Schnee sein kann! Der kurze Schnee-Graupel-Schauer heute hat ausgereicht, das "Wasserloch" wieder zu füllen. Die Vorschulkinder waren zuerst im Garten - alleine: Das ist ihr Vorrecht. Als wir anderen dazu kommen, werkeln sie schon eifrig mit Schaufeln und kleinen Eimern und füllen das Wasser in große Eimer. "Das ist meine Pfütze! Ich (!!) habe sie zuerst entdeckt!!" werden wir begrüßt. Der Ton lässt keinen Zweifel: Hier darf kein anderer ran.

Jedoch: Jüngere Kinder wollen auch hin. Manch eines lässt sich unauffällig nieder und werkelt still und unbemerkt. Manch anderes tönt lauthals: "Da dürfen alle hin, gell Veronika?!!!" Manch eines wird weinerlich. Oder haut mit der Schaufel auf die Vorschul-Kinder. Die schützen einfach kraft ihrer Größe und Autorität die Pfütze.

Der Kampf ums Wasser... denke ich.

Ich sage bewusst wenig. Zu den Vorschulkindern: "Die anderen wollen auch zur Pfütze." Den jüngeren nicke ich bestätigend zu: Ja, die Pfütze ist für alle. Alle Kinder kommen wohl nicht zum Zug - dafür ist die Pfütze nun doch zu klein. Aber nach einiger Zeit werkeln ältere und jüngere Kinder gemeinsam am Wasser herum. Es dauert erstaunlich lange, bis das ganze Wasser in die Eimer umgefüllt ist... Ob es wohl bald wieder regnet?

Puh, was für eine Erleichterung: Der schwere Stein ist weg, der Weg ist frei.
Freudig wächst der junge Baum nach oben, dem Licht entgegen.

Das tun die Kinder, deren Entmutigung weggenommen, verkleinert oder versachlicht wurde, auch.
Wenn die Zeit gekommen ist, spüren sie, dass der Weg „nach oben", der Weg hin zur Gemeinschaft wieder frei ist.
Wenn die Zeit gekommen ist, vertrauen sie darauf, dass dieser Weg keine Falle ist. Dies müssen die meisten Kinder allerdings erst mal austesten. Ist wirklich zuverlässig Vertrauen in mich da? In jeder Situation?
Ist der blöde Stein nun wirklich dauerhaft weg?
Erst nach einigen Anläufen glaubt und vertraut das Kind dem ermutigenden Licht.

Besonders leicht lässt sich das Kind auf die Seite der Gemeinschaft locken, wenn es in der „Sprache" angesprochen wird, die sein Herz versteht. Manchen Kindern ist ein System wichtig (Ordnung) über das sie die Kontrolle haben, manche Kinder wollen es gerne gemütlich und ruhig haben, andere wieder sehnen sich nach Harmonie, und wieder andere fühlen sich wohl, wenn sie sagen dürfen, wo es lang geht, wenn sie bestimmen dürfen. (Entsprechend der „Vier Prioritäten" von Nira Kfir.) Und manche brauchen etwas ganz Einzigartiges.

Wenn wir unsere Kinder gut beobachten, finden wir heraus, was unserem Kind besonders guttut – und so können wir es auch besonders ermutigen.

Schubsen - ist es ernst?

„Veronika, der … hat mich…!!" Nach „der" oder natürlich auch „die" kommt ein Name, und nach „hat mich" kann verschiedenes stehen: „Am Arm gedrückt" – „geschubst" – oder „mir weh getan" – „zu mir *du bist blöd* gesagt" … Es gibt verschiedenste Varianten. Früher bin ich meist recht ausführlich auf das Kind eingegangen… Jetzt mache ich es so: Da ich die Kinder kenne, spüre ich schnell, wie „ernst" es ist. Wenn es ernst ist, kümmere ich mich ausführlich. Wenn es nicht so ernst ist, sage ich: „Muss ich das wissen? Sag es dem/der… selber." Und fertig.

Woran merke ich, ob es „ernst" ist? Der Gesichtsausdruck verrät es meist nicht. Es kann sehr ernst aussehen und ist gar nicht so schlimm. Vielmehr geht es darum, „mit dem Herzen des Kindes zu fühlen". Dann spüre ich, was das Kind bewegt – weil ich es nun selber in mir spüre. Oft braucht es nur eine Kleinigkeit an Aufmunterung meinerseits, ein an-es-gerichtetes Wort, einen kurzen Zuspruch („das kannst du"). Das reicht dem Kind.

Lieber einzeln, statt im Doppelpack

Man hat eine Gruppe Kinder vor sich (als Pädagogin im „Angebot", als Eltern Geschwister oder Freunde). Man möchte, dass die Gruppe etwas macht. Ein Kind weigert sich. Und schwupp – weigert sich auch ein weiteres Kind. Warum? Vielleicht, weil es keine Lust hat? Vielleicht, weil es *lust*-iger und bequemer ist, zuzuschauen, nicht mitzuhelfen? Vielleicht, um eine Extra-Portion „besondere Ansprache" zu bekommen?

Früher bin ich oft drauf reingefallen und habe alle Kinder verbal in einen Topf geworfen: „Ich möchte, dass ihr mitmacht!" Oder: „Warum helft ihr nicht mit?" oder ähnliches. Dann schauten sich die Kinder an, grinsten… und ich bekam keine

Antwort. Oder die Antwort von einem Kind, dem sich die anderen dann sofort nickend angeschlossen haben.

Mittlerweile nehme ich jedes Kind persönlich wahr. Ich picke mir eines raus und frage es: „Warum magst du nicht mitmachen?" Ich bestehe immer freundlich auf einer Antwort (bei Kindern, die der Sprache mächtig sind – bei jüngeren mache ich Vorschläge, auf die das Kind in seiner persönlichen Weise „antworten" kann.). Ich widme mich ausschließlich, mit meiner ganzen Aufmerksamkeit, nur diesem einen Kind! Erst, wenn der Dialog mit diesem einen Kind fertig ist, widme ich mich ebenso dem zweiten. Wenn dieses sagt: „Weil das andere Kind es auch so macht" bestehe ich darauf, dass es selber nachdenkt und seine persönliche Meinung sagt.

Meist macht dann mindestens ein Kind wieder mit, meistens reißt dieses dann die ganze Gruppe mit. Manchmal macht auch eines, oder alle, trotzdem nicht mit. Dann weiß ich, dass ich heute mit meinem pädagogischen Angebot falsch liege. Wenigstens hat dann jedes Kind eine Extra-Portion aufmerksame Zuwendung bekommen. Das tut ja allen gut.

Und wenn keiner Lust hat mitzuhelfen, weil es ja „in Arbeit ausarten könnte"? Als meine eigenen Kinder noch jünger waren, kam es dann schon mal vor, dass zwar die Töpfe mit dem von mir gekochten Essen auf dem Tisch standen, aber keine Teller und Besteck. Bis sich halt dann doch eines der Kinder bequemte, mitzuhelfen. Ist das besser, als einen „Befehl von oben" auszusprechen? Im Sinne der Ermutigungspädagogik schon. Weil die Kinder dann aus eigener Erfahrung und eigenem Impuls ins Handeln kommen…

Schokolade klauen

Heute haben fast alle jüngeren und mittleren Kinder in der Versammlung erzählt, dass sie sich heute mit der

Freundin/dem Freund treffen und dann heimlich die Schokolade klauen, so sagten die Kinder, und essen. Natürlich: Schokolade schmeckt super – darin waren wir uns alle einig. Allerdings: Schokolade „klauen" ist ja nicht so witzig. Ich habe den Kindern erzählt, wie es bei uns zu Hause war, als unsere eigenen Kinder noch jünger waren. Das war so: Jedes unserer vier Kinder hatte ein Dose (von den Blechdosen, in denen an Weihnachten die gebackenen Plätzen aufbewahrt werden). In diese kam einmal die Woche nach dem Einkauf, Süßzeug rein. Eine bestimmte Menge, die für die Woche reichte. Das kauften die Kinder mit uns Eltern gemeinsam ein. Ab da war jedes Kind selber dafür verantwortlich. Es kam schon mal vor, dass dann alles Süßzeug am Tag nach dem Einkauf verzehrt war… und dann war es eine lange Zeit, bis die Dose gemeinsam wieder beim nächsten Wocheneinkauf am Samstag gefüllt wurde. Gelernt haben sie: Verantwortlich sein für sich + die Wochentage + ein Gefühl für die Zeit. Und: Dass Schokolade gut schmeckt!

„Du bist wertvoll!"

Versammlung im Kindergarten, als ich endlich aus dem Büro herzueile, haben bereits zwei Kinder die Mitte aus schönen Steinen gelegt. Ein Kind weint: „Ich bin nie dran!" Und tatsächlich: Diesem Kind hatte ich letzte Woche versprochen, dass es dran ist; ich war diese Woche aber leider nie bei der Versammlung dabei. „Stimmt!" sage ich und erkläre die Situation. „Du bist nächste Woche dran – bitte, alle aufpassen und mithelfen!" Das Kind nickt beruhigt. Gleich drauf ist es dran mit dem Austeilen des Obsttellers. Ein anderes Kind mosert: „Ich komm nie dran!" *Dieses* „nie" kennen wir ja schon… *dieses* spezielle Kind darf gefühlt wesentlich öfter „dran sein", als andere. Nur: Es merkt es nicht!

Dies ist ein Merkmal von (zeitweise) „entmutigten" Kindern, dass sie nicht wahrnehmen, was man ihnen Gutes tut, was man ihnen als Ermutigung zukommen lässt.

Wir merken: Viele Kinder haben das Bedürfnis, ganz wichtig zu sein, viele Kinder haben das Bedürfnis nach „Bedeutung haben"! Ich sage zu dem beleidigten Kind: „Du warst vor wenigen Tagen damit dran." – „Nein", schluchzt es. Nur einmal wiederhole ich den gleichen Satz (denn ich möchte ihm das Bedürfnis nach „Bedeutung haben" nicht beim traurig- und beleidigt- Sein geben, sondern sehr gerne bei einem anderen Thema), dann rede ich zu allen weiter: „Ich möchte euch etwas Wichtiges sagen: Genauso, wie hier diese schönen Steine in der Mitte liegen, so haben wir alle wunderbare Edelsteine in unserem Herzen. Jeder Mensch, ich auch. Und du!" Ich schaue ein Kind an: „Du bist so wunderbar mit deinen Edelsteinen!" Das Kind schaut mich mit großen Augen an. Ich schaue dem Kind daneben in die Augen: „Du bist auch so ein wunderbarer Mensch!" Und zum nächsten Kind ebenso: „Du bist ein wunderbarer Mensch." Jedes Kind schaut mich ernsthaft an. Ich denke, wenn ich in diesem Tempo bei allen weitermache, dauert das ewig – hoffentlich hält die Spannung, bis ich durch bin – nun kann ich nicht mehr aufhören! So mache ich in diesem langsamen, achtsamen Tempo weiter, Kind wie Erwachsene*r bekommt den gleichen Satz. Als ich mich übergehe, sagt ein Kind „Du musst es noch zu dir sagen!" – „Bei mir habe ich angefangen" lächle ich und mache weiter. Jedes Kind macht sich bereit, als die Reihe an es kommt, es richtet sich auf, schaut erwartungsvoll und aufmerksam; lächelt innerlich bewegt, als es den an es gerichteten Satz hört. Die Spannung hält bis zum Ende des Kreises – und lange (!) darüber hinaus! Am Ende schließe ich die Menschen im ganzen Telos-Kinderhaus mit ein, die momentan in anderen Räumen sind. Und die Familien der Kinder. Die Kinder, einschließlich des vorhin

traurigen Kindes, fallen freudig ein: „Und die Tiere!", „die Vö-
gel", „die Leoparden!", „die Bäume", ..."die ganze Erde!".

Und so heißt der ganze Satz, der aus dem Encouraging-Trai-
ning von Theo Schoenaker stammt: „Du bist ein Bergwerk
reich an Edelsteinen von unschätzbarem Wert!" Es ist gut, ihn
sich selber zu sagen, wenn keiner da ist, der ihn sagt!

Muss ich das wissen?

Zwei beste Freunde spielen unten in der neuen Puppenecke.
Nach einer guten Weile kommt einer hoch und sagt weinerlich: „Der ...(Freund) hat zu mir was Blödes gesagt..." – „Aha.
Und? Stimmt das, was er gesagt hat?" – „Nein." – „Dann glaub
es einfach nicht." – Das Kind nickt: „Ich bleib jetzt oben zum
Spielen." In dem Moment kommt der Freund von unten her-
auf gerast: „Weißt du!!? Das war so: ...!" - Ich sage ganz ruhig:
„Ich will das gar nicht hören. Es ist alles geklärt." Der Freund
nickt verblüfft. Nach drei Minuten: „Wir mögen uns jetzt wieder. Wir gehen jetzt wieder runter in die Puppenecke."

An der richtigen Stelle die richtige Aufmerksamkeit geben ist
wichtig – und im richtigen Moment etwas nicht hören wollen
und die Aufmerksamkeit nicht geben. Dann haben die Kinder
die Möglichkeit, es selber zu klären – denn das ist es, was sie
wollen: Selbständig ihre Freundschaften (und ihr Leben) in die
Hand nehmen.

Schimpfworte

Drei junge Kindergartenkinder spielen im Garten. Sie werfen
sich abgerissenes Gras auf den Kopf - es ist sehr lustig. Eines
sagt dazu jeweils: "Scheiß-Pampe!!" Es klingt ganz spaßig. Natürlich greifen die beiden anderen Kinder das tolle Wort sofort
auf: "Scheiß-Pampe!" Sie lachen und sind sehr froh. Nun

haben zwei Jungs ein "tolles Wort" gelernt. Hhmm. Das war nicht Sinn der Sache.

Ich: "Hör mal: Wenn du dieses Wort sagen willst, geh auf die Toilette. Da passt es hin." Das Kind schaut, scheint zu verstehen. Dreht sich um und wirft das nächste Gras: "Scheiß-Pampe!" War also nichts.

Neuer Anlauf: "Hör mal! Kennt ihr das Wort: Kickiwutzi-Pampe? Das könnt ihr sagen!" Und eines der Kinder fällt ein: "Kicku-Pampe" (oder so ähnlich). Das passt!

So sagen die Kinder nun beim Werfen das andere tolle Wort "Kicku-Pampe". Klingt auch gut!

Allerdings höre ich ein bisschen später das erste Kind in ganz anderem Zusammenhang wieder "Scheiß-Pampe" sagen. Ich nehme an, es hat dies wohl schon mal einen Erwachsenen heftig sagen hören. Nun ist es neugierig, was passiert. Also - ganz entspannt bleiben: "Lieber einmal gescheit Scheiße sagen als drei geheuchelte Halleluja", oder so ähnlich.

Schimpfworte ignorieren

Eine schöne Gartenzeit. Plötzlich rennt ein Kind auf mich zur, umrundet mich und ruft lautstark: "Verpiss dich doch mal!" Hoppla, denke ich, was war denn das??!!! Ja, sowas kann ich mir ja nicht bieten lassen!! Und schon will ich los spurten!

Doch HALT! Erst mal nachspüren.

Ich bin schon ein bisschen ungehalten. Einfach so mich anschimpfen lassen? Also: Ärger. Das Kind will also anscheinend: Ärger. Was/welches Bedürfnis steht hinter dem Ärger? Aufmerksamkeit? Ja, das passt.

Also: Aufmerksamkeit an DIESER Stelle NICHT geben. Ich ignoriere es also und betrachte die spielenden Kinder.

Kurze Zeit danach werde ich erneut umrundet: "Verpiss dich doch mal!" Na, sag einmal! Ich ignoriere wieder - und das noch dreimal.

Nachdenklich bin ich aber schon: Was, wenn das nun ein anderes Kind hört? Und es nachplappert? Was, wenn gerade jetzt jemand am Gartenzaun vorbeigeht und das mitbekommt? Es wird schon gut gehen.

Nach einiger Zeit kommt das Kind: "Hast du mich gehört?" Ich: "Nein." Kind, im Weggehen: "Na, dann muss ich halt nochmal..." Oh je, so war das nicht gemeint!

Nach kurzer Zeit merke ich, dass das Kind mich von der Ferne ansieht. Ich winke es freundlich her. Es kommt. Ich: "Ich habe dich natürlich gehört, aber ich wollte das eigentlich nicht hören. Es macht mich ärgerlich. Und ich will auch nicht, dass die anderen Kinder das hören." Das Kind grinst. "Doch, die sollen das hören." Aha, klarer Fall von ... tja: "Aufmerksamkeit suchen"??

Jedenfalls hat das Kind dann nicht mehr diesen Satz gesagt. Kurz darauf bin ich hin und habe mir angeschaut, was es Tolles mit einem anderen Kind spielt!

Größere Steine sind schwerer. Um sie entfernen zu können, braucht man mehr Kraft.

Größere Entmutigungen schlucken mehr Energie, bis sie dauerhaft entfernt sind.
Durchhaltevermögen von allen Beteiligten ist gefordert. Denn erst mal „glaubt" das entmutigte Kind nicht, dass nun alles wieder gut sein soll. Es fühlt sich immer noch alleine verantwortlich für seine Sicherheit, dafür, dass seine Wurzeln im Boden verhaftet bleiben, mögen oben auch noch so viele Stürme toben. Seine Brille lässt diese ungewohnte neue Sicht auf die Welt einfach nicht zu.
Die neue Sicht: Der schwere Stein ist weg. Ich habe wieder Platz zur freien Entfaltung. Ich muss nicht für Dinge verantwortlich sein, die meinem Kind-Sein nicht entsprechen.

Und: Es hatte doch einigermaßen „Erfolg" mit seinem Tun! Es hatte doch etwas genützt, die Erwachsenen in Machtkämpfe zu verwickeln! Immerhin sind sie bisher immer darauf eingestiegen.... Warum tun sie dies denn nun nicht mehr?

Und: Den „neuen" Erfolg, der sich anders anfühlt, den kennt das Kind vielleicht gar nicht (mehr). Der „neue" Erfolg ist: Gemocht zu werden, wie das Kind ist. Etwas zugetraut zu bekommen, so jung das Kind auch sein mag. Vertrauensvolle Sicherheit zu spüren und nicht mehr Einzelkämpfer sein zu müssen. Geliebt zu sein, ohne Wenn und Aber. Tolle Aufträge bekommen. Etwas „machen" dürfen, was willkommen ist.... und was vielleicht zuvor nicht erlaubt oder anerkannt war.

Deshalb testet das entmutigte Kind eine längere Zeit, ob seine neue Wahrnehmung stimmt. Und es geht den Weg, den es bis hierhergekommen ist, auch auf der gleichen Spur wieder zurück... über die Entmutigung „Aufmerksamkeit".

Es kann also dauern, bis die Ermutigung tatsächlich erkannt, aufgenommen und angenommen wird...

In meiner Mitte

Versammlung von 17 Kindern und 4 Erwachsenen. Alle sitzen auf ihren Bänken – nur ein Kind liegt (weil wir noch ein paar Plätze frei halten für die Kinder, die gleich vom Reiten kommen werden, ist dafür Platz). „Joschua, setz dich!" Keine Reaktion. „Ich möchte, dass du dich setzt!" Das Kind schaut mich an. Ich merke, dass ich gefordert werde... die ganze Gruppe scheint den Atem anzuhalten, wie es nun weitergeht. Ich schaue das Kind an – keine Reaktion. Also gut, dann kommen nun die Wahlmöglichkeiten ins Spiel. „Stellst du erst den rechten oder den linken Fuß auf den Boden?" (In dem Moment wird mir klar, dass das Kind, 3 Jahre, wahrscheinlich nicht weiß, welches der rechte oder linke Fuß ist, naja, auch egal.) – Keine Reaktion. „Du nimmst den rechten". Warten. „Stellst du den rechten Fuß mit der Spitze oder mit der Ferse zuerst auf?" Keine Reaktion – die Gruppe hört mir fasziniert zu. „Also gut, mit der Ferse." ... „Mit der Ferse laut oder leise?" Ich merke, dass es anstrengend wird – das Kind bockt! „Mit der Ferse laut." Es wäre gut, wenn mir etwas Lustiges, ganz anderes einfallen würde... Bald kommen die Reitkinder... wir sollten nun mit der Versammlung weiterkommen. Ich weiß heute nicht mehr, was mir noch eingefallen ist... jedenfalls hat es diesmal nichts genützt – das Kind bleibt liegen, obwohl es ein paar Mal mit dem Fuß Richtung Boden gewackelt hat. Ich will aber, dass es unsere Regel „sitzen auf den Bänken" einhält. Spontan stehe ich auf und gehe zum Kind hin, berühre es leicht am Knie. „Bist du müde?" frage ich freundlich. „Ich will zur Mama!" – „Ah ja. Das verstehe ich. Ich bin nicht deine Mama, aber auch eine Mama. Möchtest du auf meinem Schoß sitzen?" – „Ich will zur Mama!!" Das Kind liegt immer noch. Hinter mir wird es ein bisschen unruhig. Ich merke, dass es jetzt ganz wichtig ist, in meiner Mitte zu bleiben. Also schalte ich mein Gefühl für „in meiner Mitte sein" ein (das habe ich schon so oft in Ruhe praktiziert, dass es nun automatisch geht). Und das „schicke" ich durch die Luft dem Kind vor mir und in die Gruppe hinter mir. Auch, wenn es für Menschen, die vor allem logisch-rational orientiert sind, seltsam klingen mag: Es funktioniert! Das Kind setzt sich einfach auf. Und nun hat es sogar das Bedürfnis, mir etwas von zu Hause zu erzählen. Ich verstehe nicht alles, will aber ganz zuhören, es dauert! – und die Gruppe hinter mir hält die Spannung!

Immer wieder liest man es in Büchern über „das Gehirn": Dem Gehirn ist es egal, ob etwas wirklich real passiert, oder ob wir es uns vorstellen. Und: Irgendwie sind unser aller Gehirne und Herzen/Seelen miteinander verknüpft – es kommt also an, was ich aus-sende: In meiner Mitte sein.

Windel auslassen (fast) ohne Machtkampf

Ein junges Kind möchte auf die Toilette begleitet werden. „Brauchst du Hilfe von mir?" – „Nein!" – Das Kind nestelt an seiner Hose, dreht sich dann doch hilfesuchend zu mir um. „Helfen!" Ich helfe. Und halte kurz darauf die gebrauchte, aber trockene Windel in der Hand. „Was mache ich jetzt mit der?" – „Halten!" – „Okay. Ich halte sie, bis du auf der Toilette warst, dann machen wir sie wieder dran." Das Kind nickt und verschwindet in der kleinen Toilette, ich höre es „plätschern". Als das Kind wieder kommt, hat es bereits seine Hose wieder an. „Ja, was mache ich denn jetzt mit der Windel?" Das Kind schaut mich an. „Du wolltest sie doch wieder anziehen!" Das Kind schaut schweigend und schüttelt den Kopf. Ich merke, dass ich ärgerlich werde. Mein Vormittag war schon anstrengend... Viel Kapazität und Geduld habe ich heute nicht mehr. „Zieh doch jetzt die Windel an!" Mein Ton wird etwas deutlicher. „Nein! Keine Windel!!!" Aha – wenn ich jetzt nicht aufpasse, passiert das, was man einen Trotzanfall nennt. Sowohl beim Kind – als auch bei mir!! Ich merke, dass ich plötzlich sehr angespannt bin!! Achtung! Ich atme, ich stehe auf und in der gleichen Bewegung drücke in spontan dem Kind die zusammengefaltete Windel in die Hand und sage. „Hier! Ich bin kurz draußen!" Bloß schnell raus hier! Ich eile zum kleinen Schreibtischchen gleich nebenan im Krippenzimmer. Hier habe ich eigentlich nichts zu tun – aber ich studiere ausführlich den Kalender, der herumliegt. Das Kind kommt nicht. Als ich gerade dabei bin, nachzusehen, kommt es frohgemut heraus. „Wo ist die Windel?" Schweigen. „Hast du sie an?" Schweigen. „Hast du sie in den Abfall geworfen?" – „Ja!" strahlt das Kind und im nächsten Moment bemerke ich, dass es mich jetzt zögerlich betrachtet. Ich merke, dass es denkt, ob ich wohl zufrieden („friedlich") bin. Ja, das bin ich wieder. „Gut so. DA gehört sie hin." Sage ich und wir gehen wieder in den Garten.

Kurz darauf teile ich meiner Kollegin mit, dass das Kind jetzt keine Windeln mehr trägt. Damit wir das Kind daran erinnern können, dass es mal auf die Toilette geht. „Ist gut, die Windel war ja eh nur für den Mittagsschlaf dran." Aha! So ist das also! Habe ich gar nicht gewusst.

Was für ein Glück. Dass ich meine Meinung (Windeln muss dran) nicht vehement durchgesetzt habe! Wie verständlich, dass das Kind vehement auf seiner Meinung bestanden hat. Was für ein Glück, dass ich – in diesem Fall – nachgegeben habe.

Und warum war ich eigentlich so ärgerlich? Weil ich nicht in meiner Mitte war – und deshalb sehr empfindlich an meinem „wunden Punkt".

Und wie erkennt man nun, wann der Zeitpunkt ist, auf einer Meinung zu bestehen oder die des anderen zu akzeptieren?

Raum geben ist immer hilfreich – Raum für alle Bedürfnisse: Raum zum Atmen, Raum zum Nach-Denken, Raum zum Nach-

Spüren, Raum, um mit dem Herzen des anderen zu fühlen. Dann kann Verständnis entstehen. Ich wünsche Ihnen immer viel Raum!

Klare wenige Worte

Immer wieder höre ich Eltern, die zu ihrem Kind sagen: "Bitte zieh dich jetzt aus/an!" - "Bitte komm jetzt!". Am Tonfall höre ich, dass es den Eltern jetzt wirklich eilt und sehr wichtig ist, dass das Kind JETZT voran macht. Das Kind trödelt...

Zwei Sachen: Zum einen kann man jetzt mal wieder nachspüren, wozu (!) das Kind trödelt... vielleicht will es die Eltern ein bisschen länger als "normal" mit sich beschäftigen. Und da wären wir dann wieder bei den sogenannten "Nahzielen".

Zum anderen haben wir (unser Team) bei unserer Individualpsychologischen Supervisorin gelernt, dass wir das Wort "bitte" nur dann verwenden sollen, wenn es sich tatsächlich um eine Bitte handelt. Also, wenn ich zum Beispiel die Butter vom anderen Ende des Tisches gereicht bekommen möchte. Wenn wir jedoch einen "Befehl" sagen, eine klare Ansage machen wollen, ist das Wort "bitte" fehl am Platz. Das Gehirn des Kindes wird verwirrt durch die vielen Worte. Die direkte Aussage verwässert. Dadurch erhält es auch leichter die Möglichkeit, einen "Einlass" für sein etwaiges Nahziel zu finden.

Nicht "bitte" zu sagen wirkt auf manche unhöflich. Aber nein, das hat nichts mit Unhöflichkeit zu tun. Sondern mit Klarheit.

Natürlich gilt das gleiche für die nett gemeinte fragende Formulierung: "Kommst du jetzt?" Das Kind kann hier sofort innerlich "Nein" sagen. Aber wir müssen doch jetzt gehen!

In der Garderobe würde es dann so klingen - mit freundlicher, klarer und eindeutiger Stimme, deren Tonmelodie weder nach oben noch nach unten geht: "Komm jetzt." Oder: "Jetzt ziehst du dich an." Oder: "Ich gehe jetzt." Oder so ähnlich.

Gewaltfrei die Wutwand einreißen

Jungs spielen mit Matten, Bänken, Kuscheltieren und Decken. Plötzlich landet beinahe ein Holzklotz auf einem anderen Kind. „Das ist doch die Türe!" gellt es durch den Raum. „Nein, die Türe ist hier!!" – Bevor die Jungs sich die Köpfe einschlagen, eilen wir herbei. Geschrei, Tränen, Unverständnis – Wut. Kein verbales Durchkommen unsererseits. Also: Warten. Beiden Jungs gleichzeitig über den Rücken streichen. Jegliche Diskussion jetzt unterbinden – denn sie hören sich nicht zu. Warten…

Jetzt wird das Weinen weniger. „Wer hat Kraft?" frage ich. „Ich!!" sagen beide, einer etwas schneller. Also sage ich zu diesem ´"warte du mit deiner guten Kraft." – „Nein!! Die Türe war da und…!!!" – Ich unterbinde sein lautes Geschrei, das endet mit: „Und du bist gar nicht mehr mein Freund!!!" Ich höre weg und sage leise. „Jetzt ist anscheinend doch noch nicht die Zeit zum Reden. Wir warten noch. „Der „Junge mit Kraft" zieht sich heulend zurück – der andere bleibt etwas irritiert zurück. „Frank kommt gleich wieder. Wenn er sich beruhigt hat und Kraft zum Reden hat. Jetzt ist die Wut noch zu groß", sage ich zu Pepe. Wir Erwachsenen wenden uns im Raum anderen Dingen zu, sind aber ganz nah um eventuell einzuschreiten, falls die körperliche Wut doch nochmal die Überhand bekommen sollte. Nein, das tut sie nicht. Im Gegenteil: „Pepe, bist du noch mein Freund?" fragt der Frank. Pepe nickt. „Weil die Türe war da." Und schon unterhalten sie sich einmütig, ruhig und sachlich über die Lage der Türe. Die Wut ist vorbei – ein gutes Gespräch möglich. Fast ganz ohne Hilfe von außen.

Was haben wir Ermutigendes gemacht? – Verständnis gezeigt – keine Lösung angeboten, denn wir kannten ja nicht die richtige Lösung – kein Kind bevorzugt oder gerügt – beide Kinder gleichwertig in ihrem Streit angenommen – beide wertgeschätzt und liebgehabt und dies körperlich (streicheln) zum Ausdruck gebracht. So haben wir der Wutwand Zeit gelassen, von alleine dünner zu werden, bis sie zerbröckelt ist. Nun war der Weg frei und das Kind konnte von sich aus seine Lösung finden, bzw. die Lösung des anderen anhören und annehmen. Was im Kleinen gelingt, kann doch auch im Großen gehen oder?!!

Manchmal hilft das Zauberwort

Ein junges Kindergartenkind hat es wohl gerade nicht leicht: Es stört in der Versammlung, es braucht ewig, um sich anzuziehen, es ist zeitweise recht anstrengend. Vor einiger Zeit hatte ich deshalb mit der Mutter ein intensives Gespräch. Zum einen habe ich nun verstanden, warum das Kind so ist, wie es gerade ist: Es hat viel um die Ohren und findet nun in seinem etwas auffälligen Verhalten besondere Zuwendung unsererseits. Nicht gerade die schöne, liebevolle Zuwendung, die ihm wohl, genauso wie uns, besser gefallen würde. Aber eine sehr geeignete Art, um Reibung zu erzeugen, hat es gefunden – und Reibung erzeugt immerhin schon mal Wärme.

Zum anderen habe ich von der Mutter das Zauberwort der Familie erfahren – genau die Worte, die zu Hause helfen, damit das Kind versteht „jetzt ist es Ernst – jetzt hältst du dich an die Familien-Regel!"

Diesen Satz sage ich nun (genauso wie meine Team-Kolleg*innen) in den anstrengenden Situationen: Das Kind schaut mich verdutzt an, ich sehe förmlich seine Gehirnwindungen arbeiten „Hoppla, der Satz gehört doch nicht hierher, der gehört doch nach Hause…! Blöd, muss ich wohl jetzt tun, was die hier sagen." Es wirkt!

Heute hat mir die Mutter erzählt, dass sie zu Hause nun auch *unseren* typischen Kinderhaus-Satz verwendet, wenn das Kind nicht so gleich folgt – der heißt: „Es gilt!"

Ein schöner Aus-Tausch! Das nennt man dann „an einem Strang ziehen" und ist für Kinder genau das, was ihnen Sicherheit vermittelt.

Da wir von der Mutter schon vor ein paar Wochen auch erfahren haben, welche Themen und Aktivitäten das Kind liebt, können wir ihm nun *genau die* positive ermutigende Atmosphäre geben, die es persönlich braucht und liebt, die bei ihm „wirkt" und ankommt. Seit ein paar Tagen spielt es wieder herrlich mit anderen Kindern!

Von kleinen Räubern und dem Bedürfnis, mächtig zu sein

Das geht nun schon einige Tage so: Die Jungs kämpfen mit Stöcken gegeneinander, jagen sich, „klauen" sich „wichtige" Dinge (z.B. besondere Äste). Immer wieder beklagen sich andere Kinder hilfesuchend bei den Pädagoginnen. Heute sind es zwei Jungs, die sich immer wieder an andere Kinder anschleichen und Sachen „klauen". Heute gehe ich so vor. Ich bitte die beiden her für ein klärendes Gespräch. Ich frage sie, was sie denn spielen: „Jaguar!" sagt der eine verschmitzt. Auch der andere lächelt. Ich sage: „Ich glaube, ihr wollt mich veräppeln." Sie lachen. Ich erkläre, dass ich glaube, dass sie „Dieb" oder „Angreifer" oder so spielen. Sie nicken. Das finde ich ein spannendes Spiel. Sie sollen es jedoch mit Kindern machen, die das auch spielen wollen. Sie bemerken, dass es wohl keine anderen Kinder gibt, außer sie selber, die das wollen. „Sucht euch doch einen schönen Platz. Dann ist mal der eine der „Räuber", dann der andere". Sie denken nach und setzen sich in Bewegung. „Wo geht ihr denn jetzt hin?" – „Wir klettern." Und das tun sie fast die ganze restliche Gartenzeit.

„Telos" heißt „Ziel": Ich bin der Bewegungslinie der Kinder gefolgt – „Räuber sein wollen". Das habe ich nicht verboten, sondern in eine bestimmte Richtung dirigiert. Die wollten die Kinder jedoch nicht. Denn dahinter steht wohl noch ein anderes Ziel und Bedürfnis, nämlich „sich behaupten wollen", „Erster sein wollen", „Macht haben". Das geht ja nun nicht, wenn sie sich nur gegenseitig beklauen... Da fällt das ja gar nicht auf. Nun, das wird jetzt unsere Aufgabe als Team sein, den Kindern das Bedürfnis „mächtig sein" zuzugestehen. Jedoch so, dass es auch für die anderen Kinder passt! Vielleicht wollen sie ja bald mal wieder selber ein Angebot gestalten... Meine gezogene Grenzlinie haben die Jungs akzeptiert – weil sie das Bedürfnis der anderen Kinder (nicht beklaut zu werden) von innen heraus nahgefühlt und verstanden haben.

Macht geben an machthungrige Kinder – Angebote selber leiten

Da sind ein paar Kinder, die es momentan ganz "wichtig" haben: Wir merken, dass sie altbekannte Regeln nicht einhalten, Regeln, die für das Zusammenleben in der Kita absolut notwendig sind. Das erleben einige Kolleginnen von uns an mehreren Tagen. Die Kinder "spielen sich auf", "erfinden ihre eigenen Regeln", "tun, was sie wollen".

Wir sind: Ärgerlich!

Nun: Jetzt wissen Sie schon was kommt - Ärger ist Ausdruck eines der "vier Nahziele der Entmutigung".

Warum die Kinder entmutigt sind, können wir nur ahnen... Jedenfalls spüren wir, dass sie "Macht" wollen. Also schnell überlegt, wo sie "sinnvolle Macht" haben können: Ja, sie könnten ein eigenes Angebot halten. Das will eines von ihnen. Bei der Versammlung sitzt dieses Kind bereits neben seinen schon gewählten teilnehmenden Angebotskindern. Und es stachelt diese ordentlich auf: Sie ratschen, sie kichern, sie hören nicht zu. Schon wieder nimmt es sich "Macht". Erst bin ich wieder ärgerlich. Gut so! Nehme ich doch so die "starke Emotion" des Kindes wahr. Aber ich schimpfe nicht, sondern atme tief. Somit bleibe ich kreativ. Und es fällt mir etwas ein: "Hör mal: Du bist für deine Angebotskinder verantwortlich! Schau mal, dass sie leise sind, damit du dann mit ihnen ins Angebot gehen kannst."

Es wirkt: Das Kind selber ist leise, die beiden Partner ebenso. Das Angebot, das es anschließend mit den beiden macht, wirkt sehr froh und kreativ! Das Kind hat jetzt seinen "sachlich richtigen Beitrag zur Gemeinschaft" tun können, es hat "sinnvolle Macht" leben dürfen.

Abgeben, bitte

„Veronika, kannst du bitte die Garderoben-Situation mit dem Kind Raja übernehmen? Ich bin heute schon ein paar Mal mit ihr zusammengerumpelt…" bittet mich eine Kollegin. Ich komme aus dem Büro, habe keine Ahnung, um was es ging – macht nix! „Okay, mach ich!" Die Kollegin gibt professionell ab – ich übernehme. Nur: Erst muss ich noch mal ins Büro, weil ich ein kurzes Gespräch beenden möchte. Nach sehr kurzer Zeit bin ich wieder in der Garderobe. Da sitzt Raja und ist dabei, ihre Matschhose anzuziehen. Ich frage die nächste Kollegin: „Muss ich eigentlich noch was machen? Ich sollte hier übernehmen…" – „Nö" kommt lächelnd die Antwort „passt alles!". Stimmt. Passt alles! Ich beschäftige mich ein bisschen in der Garderobe, bis mich Raja bittet, ihr bei der Matschhose zu helfen… das tue ich gerne, das Kind hilft mit, so gut es kann.

Im Garten fragt mich die erste Kollegin, wie es denn nun weiterging, da Raja ja heute Vormittag schon einige Male sehr „zwiderwurzig" (= widerspenstig, nicht zur Mitarbeit bereit) war. „Ich hab' nichts machen müssen, außer ein bisschen anziehen helfen."

So ist das mit dem Loslassen: Wenn es Erwachsenen gelingt, so wie meiner Kollegin, ganz abzugeben - läuft der „Zwiderwurz" ins Leere, verpufft… Oder anders gesagt: Die Botschaft, der Hilferuf des Kindes war bereits bei der Kollegin angekommen; allein ihr Abgeben und damit zu ermöglichen, dass meine andere Kollegin und ich frisch und neutral da sein konnten, hat ihm schon geholfen.

Ermutigungs-Tipp: In Macht-Kampf-Situationen loslassen und abgeben. Wenn gerade kein anderer Erwachsener da ist – symbolisch abgeben. Das erleichtert und entspannt ungemein! Erziehen können wir wann anders wieder. Aber Sie wissen, er-*ziehen* ist ja eh unnötig ☺!

Noch größere Steine brauchen nicht nur mehr Kraft, um sie zu beseitigen. Sie schlucken auch viel mehr Zeit und Gedanken….

Entmutigte Kinder, die ihre persönliche Sicherheit in der „Rache" gefunden haben, sind sehr sehr clever: Erst mal ganz genau prüfen, was da los ist! Es könnte eine Falle sein, die gestellt wird. Es könnte sein, dass die anderen Menschen es weiterhin nicht gut meinen mit mir! Und der erneute Absturz wäre fatal…

Deshalb bleibt das tief entmutigte Kind erst mal bei seinem nun ihm gewohnten Verhalten: Weh tun, kaputt machen. Immerhin bekommt es hier als Einzelkämpfer durch Schimpfen und Strafen Energie.

Doch das Licht von oben bleibt… könnte es sein, dass der Stein der Entmutigung dauerhaft weg ist? Könnte es sein, dass es echt gemeint ist, wenn das Kind nun Dinge darf, die ihm vorher niemals zugetraut wurden? Könnte es wirklich gelten, dass die Erwachsenen es uneingeschränkt liebhaben? Gilt es wirklich, dass das Kind Entscheidungen treffen darf? Und noch einmal testet das entmutigte Kind, indem es in seinem gewohnten Verhalten bleibt... Ob die Erwachsenen mich wirklich liebhaben? Auch wenn ich so schlimme Sachen mache?

Und auch diese Kinder gehen den Weg zurück, den sie gekommen sind... über den Machtkampf, dann über die Aufmerksamkeit... bis sie dann endlich dauerhaft wahrnehmen, dass sie in der Gemeinschaft Familie und Gruppe herzlich willkommen sind – so, wie sie sind.

Matschhose oder nicht? – Gleichwertig entscheiden

Heute ist so ein typisches Föhn-Wetter. In der Sonne warm, ansonsten kalt, die Wiese matschig. Auf dem Weg in die Garderobe: „Soll ich eine Matschhose anziehen?" – „Fühl mal!" – Die Kinder gehen ohne Jacke ein Stück hinaus und prüfen die Luft. „Ich ziehe keine an." Seit vielen Jahren entscheiden im Telos-Kinderhaus die Kinder im Gefühl der Gleichwertigkeit: Kinder ab ca. 1,8 Jahren können ein Gefühl für Wärme und Kälte entwickeln. Wenn wir sie unterstützen: Temperatur gemeinsam fühlen – jeder entscheidet sich für eine Kleidung (Erwachsener eventuell anders, als das Kind) – nach einiger Zeit (ca. 5 Minuten) können die Erwachsenen hilfreich die Temperatur an der Nase und den Fingern der Kinder fühlen (oder die Kinder gegenseitig). – Wenn diese kalt sind „will der Körper das wichtigste Organ, das Herz schützen. Helfe deinem Körper, das Herz warm zu halten!" Jüngeren Kindern hilft man auf die Sprünge: „Ziehe eine Jacke und Mütze an." Ältere Kinder wissen das dann ja schon, brauche ich als Erwachsene also nichts mehr zu sagen. „Mutige" Kinder wollen, dass es ihnen gut geht, und dass das Leben friedlich und freudig verläuft – sie suchen keine Gelegenheit, uns in Streit zu verwickeln. Gleichwertig ist, dass ich als Ermutigungspädagogin dem Kind nicht vorgebe, wie es sich anzuziehen hat, sondern vertraue, dass es sich passend anziehen wird.

Und der Matsch? Naja, Kinder wissen meistens sehr genau, ob sie auf dem Boden (in Matsch-Nähe) spielen wollen, oder auf den Füssen bleiben wollen. Nur „entmutigte" Kinder nehmen den Matsch (und den Kampf um die Matschhose) zum Anlass, auf sich aufmerksam zu machen, uns in einen Machtkampf zu verwickeln oder ihre Kleidung (entgegen der gemeinsamen Absprache) so zu verdrecken, dass sie uns damit „verletzen" – und machen damit auf ihre „Entmutigung" = Not aufmerksam. Dann hilft Ermutigung.

Grenzen klar definieren – Reibung erzeugt Wärme

Nachdem einige Kinder in der heutigen Versammlung trotz etlicher Erinnerungen von Seiten aller anwesenden Erwachsenen immer wieder geplappert haben, riss mir zum Glück dann doch endlich der Geduldsfaden. Das ging dann jedoch wirklich sehr schnell. „Jetzt bist du endlich leise!!" sagte ich äußerst deutlich zu einem Kind. Das verstand sofort. Kurz darauf plapperte ein anderes. Ich bemerkte, dass es sich verbal zur Wehr setzte, weil sein Nachbarkind Mats seine Füße auf seinen Stuhl auflegte. „Höre, was Leon sagt!" sagte ich Mats. – Keine Reaktion. Jetzt war es mir genug. Ich stand auf, nahm vorsichtig aber bestimmt die Füße von Mats und drehte sie nach vorne. „Nein!!" rief er laut und haute mir reflexartig seine Hand ins Gesicht. „Ich mag nicht gehaut werden!" sagte ich sehr verblüfft. Und ärgerlich. Es tat zwar überhaupt nicht weh, hatte aber meine Brille getroffen – die Durchsicht war nun „verschmiert". Außerdem mag ich wirklich nicht gehauen werden. „Dann gehe jetzt raus!" – „Nein!!" – „Wenn du hier keine Kraft hast zum ordentlichen Mitmachen, gehst du hinaus." Ich nahm Mats an der Hand und schob und führte ihn hinaus. Nur kurz erklärte ich, dass er sofort wieder kommen kann, wenn er wieder Kraft hat für die Versammlung. Er weinte und schimpfte. Ich blieb klar. Ich bestand darauf, dass er an der Stelle steht, wo ich ihn durch das Glasfenster in der Türe sehen kann. Nachdem ich meine Brille geputzt hatte, ging es mir wieder gut.

Nach kurzer Zeit war die Erzähl-Versammlung beendet. Nun war es Zeit für alle Kinder, die vorgestellten Angebote anzuhören und auszuwählen. Ich rief Mats: „Wenn du das Angebot selber auswählen willst, dann solltest du jetzt wieder kommen." Ja, das wollte er wohl, denn zögernd kam er zur angelehnten Türe herein. Als ich dran war, die Kinder, die bei mir mitgehen wollen, einzuladen – wollte keines mit. Auch gut.

Dann mache ich eben etwas im Büro. Doch da eine kräftige Stimme: „Ich! Ich will mit!" Tatsächlich, Mats will mit! „Schön. Dann machen wir beide ein schönes Angebot miteinander!"

Und es war wirklich wundervoll! Eine ganz angenehme und annehmende Atmosphäre. Am Ende frage ich kurz: „Vorhin haben wir uns beide geärgert. Möchtest du wissen, warum ich ärgerlich auf dich war?" – „Nein." – „Mhm. Du weiß es eh, nicht wahr?" – Nicken. So habe ich mich bei Mats noch bedankt für das schöne Angebot mit ihm – und war sehr froh.

Und das ist unter anderem typisch „ermutigend" daran: Meine Gefühle sind der Gradmesser für die Gefühle des Kindes: Es war also genauso wütend, wie ich. Weil es vielleicht momentan in seinem Selbstwertgefühl wackelig war. Wut kennt es – dieses Gefühl bringt ihm einen kurzfristigen „Gewinn" = Sicherheit, weil es sich spürt.

Tat vom Täter unterscheiden: Ich kann sofort umschalten von dem, was mich ärgert, was das Kind gemacht hat, auf die grundsätzliche Liebe zum Kind. Ja in der Tat kann ich sogar, währenddessen das Kind etwas Unangepasstes tut, die grundsätzliche Liebe zu ihm spüren.

Regeln und Grenzen: Geben Halt! Dies macht Mut – denn Sicherheit ist vorhanden. Eine sofortige neue Wahl des eigenen (aus Sicht des Kindes ebenso wie aus Sicht des Erwachsenen) Verhaltens ist möglich: Offen kann ich jede neue Handlung wahrnehmen, ohne sie automatisch in das von mir erwartete Verhaltensmuster hinein zu interpretieren.

Klare wenige Worte: Wenn alles einmal gesagt und bekannt ist, ist jedes weitere Wort zu viel.

Atmosphärische und praktische Ermutigung: In einer guten Stimmung stärke ich das Selbstwertegefühl des Kindes.

Wilde Maus? Liebe Maus!

Drei Jungs und drei Mädchen spielen Katz (Mädchen) und Maus (Jungs) im Flur. Auf mein Anraten haben sowohl die Mäuse als auch die Katzen je ein eigenes „Häuschen", um auch mal verschnaufen zu können. Die Mäuse sind wild und liebevoll, die Katzen auch. Sie fangen sich, kriechen aufeinander herum, „verspeisen" sich gegenseitig. Es ist da auch ein Mädchen dabei, das immer mal wieder Angst vor einem Jungen hat. Da sehe ich, dass der Junge als „wilde Maus" mit den Händen auf das Gesicht des Mädchens zugeht. Das Gesicht des Mädchens wird klein vor Angst – die Hände des „wilden" Junge gehen sofort zurück, der ganze Kerl zieht sich zurück und spielt selbstverständlich mit den *anderen* Kindern weiter.

Das finde ich eine tolle Leistung! Der Junge hat gut hingeschaut, er hat das Gefühl des Mädchens richtig interpretiert, er hat das Richtige getan, ist eine „liebe Maus" geworden.

Damit das Mädchen und der Junge merken, dass diesmal etwas anders lief, als die bisherige Erfahrung war, habe ich kurz darauf alle Kinder sehr gelobt! (In dem Fall ist „Loben" „Ermutigung"!)

Das ist die Kunst der Ermutigung: Festgefahrene Erfahrungs-Bahnen lockern – eine andere „Brille" aufsetzen helfen.

Versammlung leiten

Heute habe ich in der Versammlung (Kindergarten) gefragt, welches Kind die Versammlung leiten mag, so ganz, mit Reden! Viele Kinder haben sich gemeldet, eines kam dran, Felix.

Als es dem ersten Kind seiner Wahl die Erzählkugel reicht, dieses seinen Beitrag gesprochen hat – hören wir: Nichts. Lange. Ich versuche zu helfen: „Was könntest du denn sagen?"

Nichts. Keine Reaktion. Keine Regung. Das Erzählkind schaut wartend, die Kinder schweigen (zum Glück sehr geduldig!).

Natürlich könnte ich nun selber die Antwort geben – aber das war ja nicht gemeint. Ich schwanke zwischen Verwunderung, die ganz schnell in einen kleinen Ärger und ein Gefühl von Ohnmacht meinerseits übergeht. Ich fühle mich, als ob Felix mich in der Hand hat, ausgetrickst hat. Und mit mir die ganze Gruppe!

Beinahe will ich Felix schon die Kugel und damit die Versammlungsleitung entziehen – da fällt mir zum Glück etwas anderes ein: „Wer hat denn für Felix eine Idee, was Felix sagen könnte?" Und schon gehen die Finger in die Höhe. Die erste Idee kann Felix nicht annehmen, die gefällt nicht. Die zweite ist gut, Felix wiederholt diese Worte zum Erzählkind. Noch einmal braucht XY Hilfe von einem dritten Kind, ab da hört Felix absolut aufmerksam zu, antwortet extrem vielfältig und einfühlsam! Wir sind begeistert. Am Ende der Versammlung atmet Felix sichtlich erschöpft, aber voller Stolz, aus!

Fazit:

1. Manchmal etwas länger warten.

2. Das Positive erwarten.

3. Die Gemeinschaft zu Hilfe nehmen.

4. Darauf vertrauen, dass einem als Erwachsener im entscheidenden Moment das einfällt, was zum Guten beiträgt.

Schreien und Schweigen

Geburtstagsfeier am vorletzten Tag vor den Ferien, Kindergartenkinder und Team sind ferienreif. Wir singen, wir wünschen gute Wünsche… und dann ist es Zeit für den Kuchen. Ich frage

das Geburtstagskind: „Möchtest du jetzt den Kuchen verteilen?" Als das Kind „ja" sagt, schreien im nächsten Moment
viele Kinder auch „JA!" – mit langem „AAA", das sich in Sekun-
denschnelle ins unermesslich Laute steigert. Meine einzig
mögliche Reaktion ist, mir die Ohren zuzuhalten. Nach ca. 5
Sekunden ist der Spuk vorbei, ein älteres Kind beginnt vor lauter Schreck zu weinen. Ich bin ganz verstört – und sehr ärgerlich. Es ist wie ein körperlicher Schmerz. „Ich bin sehr ärgerlich. Das war viel zu laut!" Ich nehme den Kuchen, stelle ihn
vor die Türe. Die Kinder sind sprachlos. Meine innere Anspannung, die sich vor lauter Lautstärke in mir aufgebaut hat, will
sich in Schimpftiraden Luft machen – als ich die Stille der Kinder höre, atme ich tief und - schweige. Wir schweigen lange.
Einige Minuten lang. Dann sage ich: „Jetzt singen wir ein paar
Lieder und dann gibt es den Kuchen." Singen beruhigt. Nach
zwei Liedern meint ein Kind: „Da pfeift was in meinem Ohr –
komisch!" Nur kurz erkläre ich, dass das Pfeifen vom lauten
Schreien vorher kommt und dass das Hören durch Geschrei
und Lärm ein bisschen kaputt gehen kann. Und dann essen wir
gemütlich Kuchen.

Dieser Weg zurück ist meist der längste... Wer so tief gesunken ist, braucht oft lange Zeit und sehr sehr viel Energie, bis er wieder vertraut.

Es braucht viel wärmende Liebe, um das Kind von seinem Glauben „ich bin nichts wert – lasst mich also in Ruhe, weil ich vereist bin" wieder aufzutauen.
Und dann entlädt sich die ganze im Eis gestaute Energie erst mal in Rache-Verhalten. "Wie konntet ihr mich nur so lange im Eis lassen!". Und dann ist immer noch aufgestaute Energie da: „Ich zeig euch allen, wie mächtig ich bin!". Und immer noch geht es weiter – bergauf! Dem Licht entgegen! Auch wenn es sich meist immer noch nicht ganz so lustig anfühlt! – „Ich nerve dich mit meinem Verhalten! Ich bin da – merkst du es auch wirklich?!".
Und dann ist das Vertrauen dick genug, um sich genussvoll in die wohlwollende Gemeinschaft fallen zu lassen.

„Hier bin ich – so bin ich – nehmt mich, wie ich bin. Ich mag mich!"

Der Rückweg vom Rückzug in die Einsamkeit und Vereisung hin zur Gemeinschaft ist dann kürzer, wenn der Hinweg kurz war (wenn Machtkampf und Rache ausgelassen wurden).

Und nun ist es Zeit für ein Freudenfest!

Eine Freudenfest für aufgetaute Seelen

Tatsächlich habe ich in meinen Aufzeichnungen keine Freitags-Mail für dieses Kapitel gefunden. Nun – ein gutes Zeichen dafür, dass wir im Telos-Kinderhaus nur wenige Kinder haben, die in ihrer Entmutigung so tief sinken.

Die Kunst für uns Erwachsene ist bei diesen Kindern – die Vereisung zu merken! Oft sind wir ja froh, wenn nach den endlosen Reibereien von Aufmerksamkeit suchen, Machtkämpfe ausfechten und schmerzhafte Racheakte auf sich niederprasseln lassen das Kind nun endlich ruhig ist.

Manchmal glauben wir dann, dass unser „Erziehungs-Verhalten" Erfolg hatte…

Dass wir dadurch nur alles noch viel schlimmer gemacht haben, entgeht uns in der Anspannung der Situation.

Schauen wir uns die Situation also immer wieder „als Außenstehende" an! Fühlen wir uns immer mal wieder in alle Beteiligten ein: Im Kopfkino reingehen in die Situation – fühlen.

Und dann geht es ans Auftauen der vereisten Seele…

Oft ist es in Situationen, in der ein oder mehrere Personen dermaßen entmutigt sind, hilfreich, sich Hilfe von außen zu holen. Dafür gibt es Freunde und professionelle Berater*innen.

Ein Baum macht noch keinen Wald.

Und jeder Baum hat seinen Ursprung von anderen Bäumen.

Dass Bäume, die von Schädlingen angefallen werden, Abwehrstoffe produzieren, die die Schädlinge abhalten, wusste ich schon. Dass sie aber auch durch die Wurzeln mit den andere Bäumen kommunizieren, damit die anderen Bäume sich auch wehren können, habe ich erst durch die Lektüre von „Das geheime Leben der Bäume" von Peter Wohlleben gelernt.

Logisch ist es uns allen, dass es den Kinder-Bäumen nur richtig gut gehen kann, wenn es den Eltern-Bäumen auch gut geht. Nur mit der Umsetzung hapert es manchmal...

Eltern und Pädagog*innen, die sich selber kennen und wissen, was sie brauchen, sind ein Glücksfall für Kinder!

Zum einen, weil diese Erwachsenen wirklich in ihrer Mitte sind im Zusammensein mit den Kindern – das gibt Stabilität und Sicherheit!

Zum anderen, weil diese Erwachsenen ein wunderbares Vorbild für die Kinder sind: An erster Stelle stehe ich, und wenn es mir gut geht, bin ich in der Lage, empathisch auf die anderen zuzugehen. Das hat nichts mit Egoismus zu tun, sondern mit selbstbewusster Körper-, Seelen- und Herz-Hygiene.

Wunde Punkte aufspüren – z.B. Geschwisterstreit

Seit einiger Zeit kommt die Katze unserer Nachbarn zu uns und macht es sich auf unserem Sofa gemütlich. Anscheinend hat sie uns als "ihre Familie" auserkoren. Nun habe ich gelernt, dass Katzen das so machen. Es heißt ja auch, dass Kinder sich ihre Eltern aussuchen. Und dass sie ihre Eltern etwas lehren wollen. Zum Beispiel, wo man an seine persönlichen Grenzen kommt. Wo man verletzlich ist. Kinder finden sehr schnell die "wunden Punkte" ihrer Eltern. Und piksen genau da hinein. Mich lässt es zum Beispiel völlig kalt, wenn meine Kinder ihre Hausaufgaben am Boden liegend irgendwann am Abend machen - was andere Eltern kaum aushalten könnten. Nicht kalt lässt mich hingegen, wenn sie sich gegenseitig mit Worten aufsticheln. Auch die Aussage der Jugendlichen "ach, das ist doch nur Spaß!" kann ich schlecht glauben... Und so falle ich immer wieder drauf rein, wenn sie ein kleines Wortgefecht vom Stapel lassen. Und ich ertappe mich dabei, wie ich entweder für den einen oder den anderen Partei ergreife. Nun, ich bin ein friedliebender Mensch. Frieden in der Familie ist mir wichtig.

So habe ich neulich wieder einmal in einer "ruhigen Teestunde" die Situation sachlich geklärt. Meine beiden Jungs konnten mich gut verstehen - und ich habe plötzlich gemerkt, dass ich da viel zu viel Energie hineingebe. Für die Jungs ist die Stichelei (meistens) ein Spiel, ein kleiner Wettbewerb. Jetzt kann ich gelassener damit umgehen. Ich höre eine Spitze vom einen, ich schaue hoch, er grinst mich an - und mir ist alles klar.

Finden Sie auch Ihre wunden Punkte? Ihr Kind trödelt? Ihr älteres Kind macht noch in die Windeln? Ihr Kind schmatzt? Ihr Kind lässt sich bedienen, obwohl es schon gelernt hat, sich anzuziehen? Ihr Kind räumt nicht auf? Ihr Kind verweigert die Mithilfe? Oder?

Und dann entspannen Sie sich...

Entspannung vor dem Abholen nötig?

Wir haben mitbekommen, dass einige von Ihnen krank sind. Oder OPs oder ähnliches vor sich/nach sich haben. Manche von Ihnen kommen sichtlich erschöpft zum Abholen ihres Kindes in die Kita gesaust. So hiermit eine Anregung (das ist unser kleines Ostergeschenk an Sie): Da es nächste Woche hier ein bisschen stiller sein wird – legen Sie doch, bevor Sie Ihr Kind direkt von der Arbeit abholen, eine halbe Stunde lang Ihre Füße hoch und entspannen Sie ein bisschen (auch, wenn es eine halbe Stunde länger ist, als Ihr Kind angemeldet). Kurzer Anruf genügt. Genießen Sie die Ruhe, atmen Sie tief durch, lassen Sie Ihre Arbeit Arbeit sein... und freuen Sie sich auf Ihr Kind, das Sie in Kürze erwartet. Tanken Sie in Ruhe Kraft für die nahezu ungebremste Neugierde Ihres Kindes.

Negative Gedanken parken

Manchmal kann man gar nicht abschalten... dann wirbeln die Gedanken im Kopf herum ... und wir wundern uns, wenn die Kinder hektisch, fahrig, unruhig, aggressiv... werden. Was hilft?

- Sich klar machen, was mich umtreibt. - Sich klar machen, dass die Unruhe der Kinder die eigene Unruhe widerspiegelt. - In Ruhe überlegen, wo man die eigene Unruhe (das, was einen beschäftigt) "zwischenlagern" kann. - Sich dies symbolisch vorstellen: Kiste, Tasche, Koffer... und die Unruhe-Gedanken dort parken. - Das Zusammensein mit den Kindern genießen. - Wenn wieder Zeit ist, die Kiste mit "dem Thema" wieder hervorholen und weiter drüber nachdenken...

Unruhe durch Ruhe ändern

Ein schönes Freispiel. Alle sind wunderbar beschäftigt. Dann nähert sich die Aufräumzeit: Meine Kollegin und ich haben alles gut durchgeplant. Und plötzlich kommt alles ganz anders: Während meine Kollegin Kinder wickelt und die Aufräumglocke schon durchs Obergeschoss wandert, kommt innerhalb von drei Minuten unangemeldet ein Gast und möchte eine Information, kommt der Postbote und braucht eine Unterschrift und haut ein Kind aus Versehen dem anderen heftig ins Gesicht - Chaos pur. Ich rufe laut "Ich brauche Hilfe!!" Meine Kollegin stürzt sofort herbei. Trösten reicht. Sie geht wieder zum Wickeln. Der Gast wird schnell verabschiedet, der Postbote bekommt seine Unterschrift - die Kinder sind trotzdem durch den Wind. Schreien, hüpfen, schubsen. Wenn ich jetzt auch noch schreien würde, damit die Kinder leise sind - würde das nichts nutzen. Kinder sind Nachahmer...

Was will ich? Dass sie ruhiger und entspannt werden. Was hilft *mir* dabei? Singen. Also: "Hänschen klein, ging allein in die weite Welt hinein..." fange ich zu singen an - und sofort (!) sind die Kinder leise. Ich singe weiter - als die Kinder merken, dass der Text die ihnen wohl bekannte (einstrophige) Spur verlässt, bleibt die absolute Aufmerksamkeit bis zum Ende der dritten Strophe erhalten. Die atemlose Stille nutze ich, um in aller Ruhe die Gruppe weiterzuleiten: Trinken, Toilette, Versammlung... Hat geklappt.

Positive Ausstrahlung überträgt sich. Das hilft einfach immer wieder.

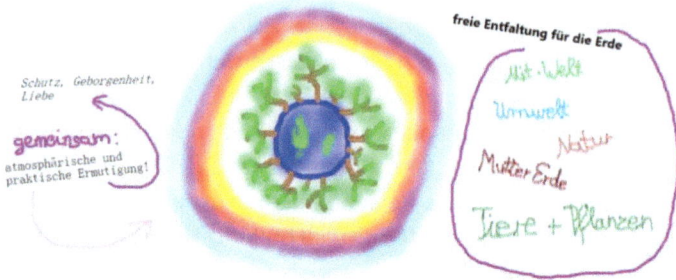

Nun wachsen viele starke Bäume in ihrer ganz einzigartigen Art und Weise im Wald. Jeder hat genau den Platz und die Zeit zum Wachsen, die er braucht. Der Boden ist locker aufgehäckelt und mit ausreichend Wasser und Nährstoffen durchtränkt. Die Sonne scheint warm und liebevoll und schickt ihre Energie. Die Bäume fächeln sich Wind zu, singen sich zarte oder brausende Blatt- und Nadelmusik vor…

Die Erde, auf der der Wald wächst, gibt uns Schutz, Geborgenheit und Lebensraum.
Und wir, die wir auf ihr wohnen, dürfen ihr Schutz, Geborgenheit und Liebe geben.

Mit Kindern den Schatz bergen

Kinder sind von Natur aus Nachahmer – und unglaublich neugierig. Wir erleben hier immer wieder Kinder, die von zu Hause, von den Großeltern, von Büchern und auch guten Fernsehsendungen ein unglaubliches Wissen an Tier- und Umweltthemen mitbringen. Es ist faszinierend, wie engagiert die Kinder mit ihrem Fachwissen umgehen: Andere Kinder in Angeboten aufklären, uns Erwachsene informieren, gemeinsam fachsimpeln.

Kinder sind auch äußerst feinfühlig und einfühlsam. Natürlich hören, spüren und ahnen sie, dass es mit der Natur nicht zum Besten bestellt ist.

Wir sollen Kinder nicht ängstigen. Wir sollen Kindern aber auch nicht vorenthalten, dass wir es nur gemeinsam schaffen, die Natur zu retten.

Ermutigen heißt in diesem Fall: sachlich aufklären – anerkennen, dass nur die Menschheit als Ganzes die Natur erhalten kann – den Kindern und uns Erwachsenen klar machen, dass die gesamte Menschheit aus vielen Einzelmenschen besteht - Möglichkeiten aufzeigen, wo jeder einzelne etwas beitragen kann - gemeinsam den Schatz bergen: Gute Ideen weitersagen und in die Tat umsetzen!

Die wunderbare Baumvermehrung

Mit den Kindergartenkindern haben wir am Mittwoch den Christkindlmarkt-Verkauf nachbesprochen. Dass wir Geld verdient haben, wussten die Kinder gleich. Die Zahl „800,- EURO" erstaunte sie – aber wie viel ist denn das? Und was wollten wir gleich wieder damit machen? Erstmal mussten wir überlegen, was die Hälfte von 800,- ist, denn wir wollen ja teilen *(die eine Hälfte für das Telos-Kinderhaus wollten wir an plant-for-*

the-planet spenden zum Bäume-pflanzen, die andere Hälfte bekam wieder der Uttinger Verein Kenianische Waisenkinder e.V.). Die Geschichte vom Telos-Adventskalender, in der fünf Spatzen am Ende beschlossen hatten, nächstens lieber zu teilen, bevor ein Buchfink wieder alles stibitzt, weil sie vor lauter Streit nicht gemerkt hatten, dass er kommt, kam gerade recht. Acht Steine waren eine Hilfe zur Verdeutlichung – endlich war klar, dass auf jedem Häufchen 4 Steine liegen müssen.

Dann erklärte ich: „Jeder Baum kostet einen Euro. 1 Euro macht also 1 Baum. 2 Euro machen 2 Bäume. 5 Euro machen 5 Bäume. Und 400,- Euro?"

Schweigen.

Dann: „Viele Bäume!" – „Tausend Bäume!!" – „Millionen Bäume!!!"

Die wunderbare Baumvermehrung hat begonnen! Wir sind dabei!

Dass auch 400 eine sehr große Zahl ist, zeigte sich, als wir alle unsere Finger zwei Mal und ein paar Kinder ihre Finger noch ein drittes Mal hochhalten mussten.

Apfelbaum pflanzen

Vorletzte Woche kam per Post ein kleiner Apfelbaum zu uns! Das Dankeschön von Ökokids, dass wir bei der Aktion „Ökokids – KINDERTAGESEINRICHTUNG-NACHHALTIGKEIT" mit Erfolg (wie Sie wissen: „3 Raben"!) teilgenommen haben.

Heute haben wir ihn in einem spontanen Apfelfest gemeinsam mit den Kindern eingepflanzt! Um 10.00 Uhr haben wir uns alle auf Decken um das kleine Bäumchen im Topf versammelt. Anhand des Ökokids-Zertifikats, unserer gebastelten „Mutter Erde mit einem weinenden Gesicht mit Füssen oben drauf und auf der Rückseite mit einem lachenden Gesicht mit helfenden Händen" und des Fotoalbums haben wir die Aktionen des letzten Jahres gemeinsam mit den Kindern Revue passieren lassen: Ziegenhof, DIY-Nachmittag, Milchautomat, Windkraftwerke, Flugzeug für Kleidertransporte uvm. erinnerten die Kinder sehr gut!

Dann ging es daran, den Baum einzupflanzen: Eine schwere Arbeit bei dem harten Boden! Viele Kinder haben mit Kinderspaten geholfen, ein großes Loch auszubuddeln! Nebenbei wurde „ein riesiger Regenwurm! Der tanzt!" bewundert, und ein winziger, der auch tanzt (ich glaube, die heißen Erdwürmer, diese kleinen Würmchen). Ein weiterer dicker Regenwurm, der sich hartnäckig im Boden verankerte, wurde nicht mit dem Spaten zerschnitten. Alle buddelnden Kinder sorgten sich sehr, dass ihm nichts passiert. Stattdessen fluteten wir das Loch mit Wasser, um zu testen, ob das Wasser abfließt. Endlich, durch das Wasser gelockert (oder seinem Instinkt folgend, bei Wasser lieber Reißaus zu nehmen) ließ nun auch der dicke Wurm nahezu unverletzt los und wurde im Schubkarren schnell wieder mit Erde bedeckt, damit er keinen Sonnenbrand bekommt. Nach mehr als einer Stunde war das Loch tief genug! Nun noch schnell Kompost rausgekratzt und mit Kinderschubkarren und Sandeimer zum Bäumchen geschafft. Endlich war der Baum drin, eingepflanzt und festgetreten! Für ein feierliches „Geburtstags- und Willkommenslied" für das kleine Bäumchen waren alle zu erschöpft... das holen wir nächste Woche nach! Nun darf es den ersten Herbststurm dieses Jahres im neuen Boden erleben.

Ermutigung an einen Vogel

„Schau mal!!! Ein Vogel!" ruft ein Kinder meine Kollegin. Tatsächlich: Aus unserem Mauersegler-Kasten am Telos-Kinderhaus, in den Stare eingezogen sind, hat ein junger Star seinen ersten Flugversuch unternommen und ist zunächst auf einem Kinder-Rucksack gelandet und sitzt jetzt auf dem Holz-Podest. Er sitzt und schaut – die Kinder und Telos-Erwachsenen schauen auch. „Lasst uns lieber zum Hügel gehen, damit die Vogel-Mama sich zu ihrem Kind traut." Vom Hügel aus beobachten alle, wie die Vogelmutter aufgeregt ihr Junges anspornt. Das sitzt und schaut. Die Telos-Erwachsenen sind ratlos: Was machen wir nun? Ob der junge Vogel wohl bald losfliegen wird? Muss man ihm helfen? Die Kinder merken, dass die Erwachsenen sich nicht so gut auskennen. Alle Kinder sind sehr geduldig und still beobachtend. Schließlich geht meine Kollegin ganz vorsichtig zum kleinen Vogel und spricht mit ihm: „Flieg doch los! Du schaffst das!" Als sie einen weiteren vorsichtigen Schritt auf ihn zumacht, fliegt er plötzlich los – bis zum Zaun. Geschafft!!

Utting ohne Plastik – ganz einfach – mit Ironie

Ein 5-jähriges Kind betrachtete neulich ausführlich das konstruierte Foto vom Uttinger Sprungturm mit den vielen Müllsäcken, das wir im Spielzimmer aufgehängt haben. Frohgemut sagte es mir daraufhin: „Ich war dort! Es schaut jetzt nicht mehr so aus! Der Müll ist weg!"

Ist das nicht wunderbar?! Die wunderbare Plastik-Vermeidung!

Kinder verstehen keine Ironie – daran merkt man, wie kindlich ich bin, ich verstehe sie auch nicht. Deshalb hat mein Mann schon vor langen Jahren in unserer Partnerschaft den „ironischen Zeigefinger" aus dem Mittelalter eingeführt. Dann geht's! Er sagt was Ironisches, ich nehme es für bare Münze, schaue blöd... er hält schnell den Zeigefinger hoch, und endlich kann auch ich lachen.

Bei Kindern müssen wir sehr achten, was wir wie sagen! Auch eine schnell dahingesagte, ärgerliche Drohung „dann darfst du nicht...", die wir gar nicht so meinen, weil wir sie gar nicht durchführen können, meinen aber die Kinder ganz ernst! Es verwirrt sie. Es rüttelt an unserer Glaubwürdigkeit und Verlässlichkeit. Abwertende Worte, die wir über das Kind hinweg einem Erwachsenen sagen, wie zum Beispiel „mein Kind kann einfach nicht..." oder „... macht immer..." oder „... ist so..." bleiben im Kind! Und wirken! Auch, wenn wir meinen, das Kind hat diese Worte doch gar nicht mitbekommen... Dass wir diese Worte ja gar nicht so ernst meinen, weiß es nicht. Dass wir vielleicht sogar ein Späßchen machen – ahnt es nicht. Was sich festsetzt im Kind (unbewusst) ist die verunsichernde Atmosphäre: Die abwertenden Worte passen nicht zur lachenden Stimme der Eltern. Was entsteht ist Verwirrung: „Was bedeutet das jetzt, was meine Mama/mein Papa sagt?" Verwirrung macht den Boden unter den Kindern wackelig. Das hätten wir den Kindern ersparen können – und ihre Kräfte hätten sie für anderes, sinnvolleres zur Verfügung.

Andererseits: Ein schöner, ernsthafter und gleichwertiger Dialog kann ja auch entstehen, wenn wir dem Kind – mit viel Zeit! – ironische Aussagen erklären. Dass das Foto eine Fotomontage ist... Dass der Müll in Utting nicht von alleine weggeht... Dass der Plastikmüll der Erdbeer- und Cocktail-Tomaten-Plastik-Schale weniger würde, wenn wir diese nicht kaufen würden...

„Da ist ja meine Hose!"

„Veronika, ich hab' keine Schnee-Hose dabei!" – „Ach, schon wieder nicht? Ja, wo ist denn deine?" – „Keine Ahnung. Ich hab' keine." – „Na sowas. Dann hol dir eben wieder eine vom Kinderhaus. Du weißt ja, wo du die Ersatz-Klamotten findest."

Das Kind saust davon, zu den Regalen mit den Telos-Kleidern. Schon nach kurzer Zeit kommt es zurück gehüpft. „Da ist ja meine Hose! Komm! Schnell!!!" Ich eile mit dem Kind zurück – da hängt direkt vor dem Regal mit den Ersatz-Sachen eine Wäscheleine voller Kinder-Anziehsachen aus dem Fundkorb. „Hier, das ist meine Hose!!" jubelt das Kind. Na, da ist sie ja wieder. Wie lange sie wohl in den Tüten mit den aussortierten Fundsachen geschlummert hat? Ich reiche dem frohen Kind die Hose herunter.

Dabei ist mir eines klar geworden: Die Eltern wussten bestimmt nicht, dass das Kind schon länger keine Schnee-Hose mehr hat. Die Hose hängt ja (normalerweise) immer hier am Kita-Kleiderhaken. Wir vom Team haben auch nicht so schnell 1 + 1 zusammengezählt – das Kind ist ja recht selbständig! Mal fragte es die eine Kollegin nach einer Ersatz-Hose, mal die andere – wir sind doch recht viele Team-Kolleg*innen. Das Telos-Team hat also auch nicht gemerkt, dass die Hose schon länger fort ist – sonst hätten wir natürlich bei den Eltern mal höflich angefragt.

Fazit: Es wäre gut, wenn so ein Fundkorb laut schreien würde, wenn Besitzer der Kleidungsstücke, die er beinhaltet, vorbei gehen. Da er das nicht kann, müssen halt doch Sie, liebe Eltern, immer wieder in den Korb schauen – auch wenn SIE selber nichts vermissen (weil Sie es ja nicht wissen können).

Brennnesseln am Gartenzaun

Gestern saust ein Krankenwagen mit Blaulicht am Kindergarten vorbei. Wir rennen zum Zaun, um zu schauen, wo es hinfährt. Plötzlich klagt ein 4-jähriges Kind über ein Aua am Bein. „Schau, hier sind Brennnesseln" sage ich. „Da bist du wohl drangekommen." - „Aua!" sagt das Kind. „Mach Spucke drauf" schlage ich vor. Das Kind beugt sich über die Brennnessel und spuckt drauf.

Spaziergang mit Kindern und Natur

Gestern waren wir auf der schönen Wiese beim See, wie schon so oft. Als wir kamen, bat uns der Gärtner, dass wir nur auf den gemähten Wegen bleiben sollen, damit die Wildblumen nicht zertreten werden. Einige wenige junge Kinder sammelten sich um die Baumstümpfe, um in den Mulden zu „kochen". Andere rannten die Wege entlang, bis sich verschiedene Wett- und Fangspiele entwickelten. Nach 30 Minuten fing es an, anstrengend zu werden: Für uns Erwachsene. Denn die jungen Kochkinder wanderten – gedankenverloren spielend - zig-Male durch die Wiese. Die Rennkinder kürzten die Ecken der gemähten Wege ab… Wir hatten Sorge um die Pflanzen! (Es sind wirklich Kostbarkeiten, die dort wachsen!). Erinnern, ermahnen, ja auch schimpfen nützte wenig. Das wachsame Gärtner-Auge fürchtend, spürten wir einen gewissen Druck und hatten zu wenig Geduld, um die Kinder positiv zu ermutigen, wenn sie korrekt auf den Wegen gingen.

Wir Erwachsenen beschlossen deshalb, diesmal an eine andere Stelle weiterzugehen: Direkt zum See. Doch auch hier gibt es eine Stelle, die man nicht betreten soll: Den Schilfgürtel, der momentan im Wachsen begriffen ist. Hier soll ja ein Rückzugsgebiet für Enten sein. Schon wieder mussten wir das „freie" Spiel in der „wilden" Natur in Regeln einzwängen. Das war für manche Kinder nicht leicht…

Wie ist das mit der Natur? Nicht immer ist sie „stark", „Haltgebend", „wild", „widerständig"… Jetzt im Frühling ist sie zart, empfindlich, leicht zu verletzen, schutzbedürftig…. Und plötzlich hatte ich das Bild vor Augen: Wir Pädagoginnen haben heute nicht nur 26 Kinder zu betreuen, sondern ein zusätzliches Kind: „die Natur". Für die wir (Erwachsene wie Kinder) Verantwortung tragen.

Auch, wenn es teilweise schwerfällt: Kinder lernen dadurch Empathie, Maß-halten, Rücksichtnahme, ja auch: Genügsamkeit. Das ist es, was in der Ermutigungspädagogik unter „Gemeinschaftsgefühl" verstanden wird.

Schätze finden

Kennen Sie das auch (noch?): Man findet am Weges-Rand einen Stein, eine Kastanie, ein Blatt... hebt es auf, hält es in der Hand. Irgendwann wandert es fast unbemerkt in die Jackentasche... und dort findet man es einige Zeit später wieder. Ach ja! Die erste Kastanie im Herbst! Ach ja, das war ja der schöne Seetag! So scheint es den Kindern auch zu gehen. Jedenfalls haben wir es jetzt schon einige Male am Seetag erlebt: Gestern zum Beispiel. Ich laufe mit einem Kind rechts, einem links an der Hand. Da wir immer das jüngere Kind außen am Straßenrand laufen lassen, müssen wir beim Überqueren der Straße zweimal Hand-Wechsel machen. Naja, so schnell geht das heute nicht – da sind ja die kostbaren Eicheln in der kleinen Kinderhand! In der Hosentasche, die ich als sicheren Aufbewahrungsort empfahl, ruhten sie nur ganz kurz! So müssen erst die Eicheln in die andere Hand – gar nicht so einfach, dass keine herunterfällt! – bis ich das Kind wieder sicher an der jetzt freien Hand fassen kann.

Beinahe dramatisch war es letzte Woche beim Rückweg vom See: Der Weg über den Bahnübergang ist immer etwas nerven-aufreibend, da die Zeit zwischen „Schranke-schließen" und „Zug-kommt" äußerst kurz ist! Wir sprinten also in Zweierreihe mit drei Bollerwagen „mit schnellen Schritten!!!

Zügig!!!!" über den Bahnübergang. Wehe, ein Kind bleibt stehen! Nun – diesmal fällt einem Kind der kostbare Stein aus der Hand. Ich höre das dramatische Schluchzen und sehe in das schmerzvolle Gesicht eines 3-Jährigen! „Weiter, weiter!!!" sagt meine Kollegin und schiebt das Kind über die Gleise. „Mein Stein!!" weint es herzzerreißend! Was für ein dramatischer Verlust! Zum Glück erwischt den Stein noch. Das Kind ist sehr erleichtert, als es ihn wieder in seiner Hand hält! Es ist doch schön, dass wir uns von den jungen Kindern wieder daran erinnern lassen dürfen, wie kostbar die Welt ist!

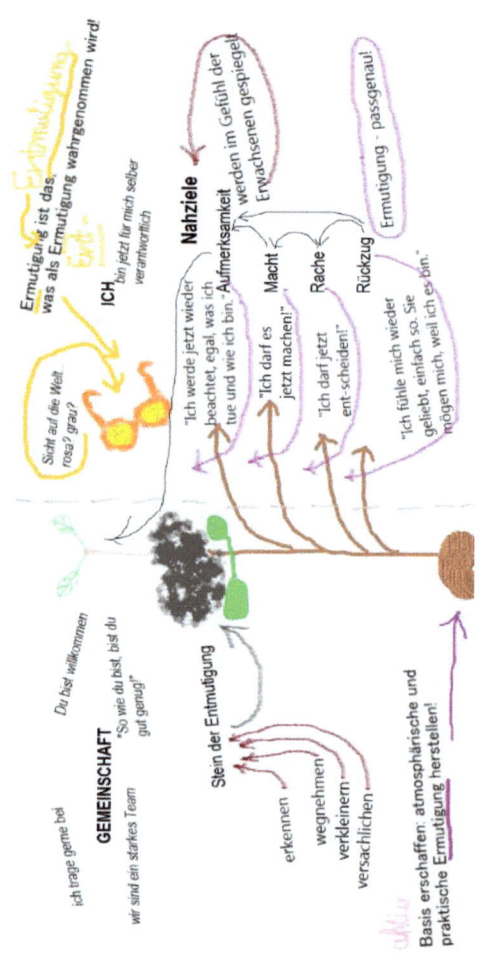

Das Leben lebt so vor sich hin – mit und ohne Steine.

Manchen Stein erlebt ein Kind als Entmutigung. Wir Erwachsenen, die wir von außen das Kind und seine Situation betrachten, wundern uns sehr: Wie kann es sein, dass das Kind so eine banale Situation als Entmutigung erlebt?

Und umgekehrt: Wie kann es sein, dass das Kind eine andere, nämlich dramatische Situation, *nicht* als Entmutigung erlebt?

Das gleiche gilt für die Ermutigung: Warum kommt diese wohl überlegte Ermutigung beim Kind einfach nicht an? Es scheint wie blind dafür. Und eine unbedachte Geste oder Handlung oder ein anderes so vor uns hingesagte Wort lässt das Kind von innen heraus erstrahlen – Ermutigung angekommen.

Die Brille jedes Kindes (und jedes Erwachsenen) ist der Schlüssel zum Verständnis – und zum „Erfühlnis". Die Sicht auf das Leben („der Lebensstil", Alfred Adler) jedes Menschen, ist unterschiedlich. Jedes Kind bildet seinen Lebensstil bis ins Alter von ca. 10 Jahren.

Die Aufgabe von uns Erwachsenen, die wir die Kinder ins Leben begleiten, ist die, den Kindern eine vielfältige Sicht auf das Leben zu ermöglichen. Dabei geht es ganz dringend nicht darum, dem Kind unsere eigene Brille aufzusetzen, unseren eigenen Lebensstil dem Kind überzustülpen. Sondern das Kind zu möglichst verschiedenen Ansichten und Interpretationen und daraus folgenden Handlungen zu ermutigen. Die größte Ermutigung besteht darin, dem Kind nicht unsere Interpretation über zu stülpen, sondern das Kind zur freien Entfaltung möglichst vieler verschiedener Interpretations-Möglichkeiten anzuregen.

Und dann kommt es im Leben eines Kindes oft zu etwas Besonderem: Trotz Schwierigkeit das Leben aktiv und mutig anpacken. Trotzt Stein wachsen und sich entfalten.

Unsere Aufgabe ist es, das Kind dabei zu begleiten: Uns einfühlen, mit seinen Augen sehen, mit seinen Füssen gehen, mit seinem Herzen fühlen. Und das zu tun, was für alle Beteiligten das Richtige ist, um die Entfaltung aller Menschen, Tiere, Pflanzen – ja, des Lebens allgemein – zu fördern. Jeder Augenblick ist dann ein neuer Moment, das Leben ermutigend zur freien Entfaltung anzuregen. Jede Handlung, Geste, jeder Blick wird dann zu einer Ermutigung, dann nämlich, wenn wir die Besonderheit und Kostbarkeit jedes Menschen in diesem Augenblick wahrnehmen – und die Einzigartigkeit dieser Beziehung in diesem Raum und zu dieser Zeit, die wir frei gestalten können, die wir mutig erschaffen dürfen – in dem Wissen, jeden Menschen, egal wie jung er ist, frei seinen Weg gehen zu lassen.

Ausblick

Die hier beschriebene Methode der passenden Ermutigung, indem der „Grad der Entmutigung" mit Hilfe der „Vier Nahziele der Entmutigung" erkannt wird, ist ein wundervolles Werkzeug – wenn wir wirklich entmutigte Kinder vor uns haben.

Ich wünsche mir, dass sich Kinder leichtgängig entfalten. Das Quäntchen Entmutigung, das dabei als Ansporn dient, soll sich nicht als schwere Belastung anfühlen. Dafür habe ich die „Telos-Blume der freien Entfaltung. Freies Schöpfen!" kreiert: Die Nahziele habe ich ins Potential gebracht und ergänzt. Mit Hilfe der Telos-Blume der freien Entfaltung. Freies Schöpfen!" können wir Kinderbegleiter*innen erkennen, an welcher Stelle, bei welchem Themengebiet, wir dem Kind den Entfaltungs-Raum öffnen sollten, damit es seine schöpferische Kraft frei entfaltet, seinen Lebensstil mit vielfältigen Varianten anreichert – und letztendlich seine Lebensaufgabe, sein Lebensziel beschwingt lebt. Dabei erkennen wir, dass es nahezu immer um unsere eigene Entfaltung in diesem Bereich geht…

Die Karten „Telos-Blume der freien Entfaltung. Freies Schöpfen!" sind alsbald erhältlich!

Des Weiteren beschreibe ich die Methode der Freien Entfaltung in einem neuen Buch: Kinder groß sehen und stark machen. Wie wir Kindern beherzt Halt geben und Entfaltung leben (erscheint vs. 12/2024).

Veronika Seiler

Veronika Seiler ist Dipl. Sozialpädagogin, Individualpsychologische Beraterin und Familientherapeutin (Telos), Encouraging-Master-Trainerin (Theo Schoenaker) und Energetic-System-Coach (Alexandra Petko). Sie ist verheiratet und Mutter von vier erwachsenen Kindern. 1997 hat sie das Telos-Kinderhaus gegründet, das sie seither leitet, und 2001 einen Natur-Kindergarten, das Telos-Naturhaus. Sie ist Trägerin dieser beiden Kitas.

Sowohl in ihrer Arbeit mit den Kindern und Eltern, als auch in ihrer Tätigkeit als Eltern- und Pädagog*innen-Coach und in ihren Seminaren vermittelt sie die Telos-Entfaltung (hervorgegangen aus der Telos-Ermutigung).

www.veronika-seiler.de

www.telos-kinderhaus.de